GUSTAVE WOLFROM

Lauréat de l'École des Hautes Études Commerciales,
Ex-délégué du Ministère du commerce au Maroc,
Professeur à l'Association Philotechnique.

المغرب الأقصى

Rouge

LE MAROC

ETUDE COMMERCIALE ET AGRICOLE

« Es grandísimo el riesgo á que se
pone el que imprime un libro, siendo
de toda imposibilidad imposible com-
ponerle tal que satisfaga y contente
á todos los que le leyeren. »
Don Quijote. P. II. Ch. III.

« Il est grand le danger auquel
s'expose celui qui publie un livre, car
il est de toute impossibilité de le
composer de manière à ce qu'il sa-
tisfasse et contente tous ceux qui le
liront. »

PARIS

PAUL DUPONT, Éditeur

4, RUE DU BOULOI, 4

1893

LE MAROC

GUSTAVE WOLFROM

Lauréat de l'École des Hautes Études Commerciales,
Ex-délégué du Ministère du commerce au Maroc,
Professeur à l'Association Philotechnique.

المغرب الأقصى

LE MAROC

ÉTUDE COMMERCIALE ET AGRICOLE

« Es grandísimo el riesgo á que se
pone el que imprime un libro, siendo
de toda imposibilitad imposible com-
ponerle tal que satisfaga y contente
á todos los que le leyeren. »
Don Quijote. P. II. Ch. III.

« Il est grand le danger auquel
s'expose celui qui publie un livre, car
il est de toute impossibilité de le
composer de manière à ce qu'il sa-
tisfasse et contente tous ceux qui le
liront. »

PARIS

PAUL DUPONT, Éditeur

4, RUE DU BOULOI, 4

1893

A M. Célestin BATHIER

Les questions commerciales vous ont tou-jours beaucoup intéressé, permettez-moi, mon cher oncle, de vous dédier cette modeste brochure.

Gustave WOLFROM.

Paris, mars 1893.

TABLE DES MATIÈRES

PREMIÈRE PARTIE

DEUXIÈME PARTIE

LE MAROC

PREMIÈRE PARTIE

I. — Préliminaires

Il existe près de la France, un pays où il n'y a pour
ainsi dire ni industrie, ni culture ; il est cependant d'une
grande fertilité et ses habitants, dont le nombre peut s'accroître considérablement, manquent même des objets de
première nécessité. Ce pays c'est le Maroc. Il nous paraît
dès lors utile, dans l'intérêt de notre nation, d'appeler
l'attention des industriels et commerçants sur les lignes
qui vont suivre.

Les uns pensent que la France venant au second rang
des nations qui trafiquent avec la contrée qui nous occupe,
fait tout le commerce qu'elle peut ; les autres, oubliant que
c'est le commerçant qui doit chercher le client, attendent
que les commandes leur viennent toutes seules ; d'autres
enfin croient qu'il y a peu de négoce possible au Maroc
et que les habitants s'y suffisent à eux-mêmes ne consom-
mant que le peu de produits qu'ils sont capables de créer.

Les premiers ne songent pas à la concurrence que nous
font les autres peuples, les seconds négligent de lutter
contre elle, tous se refusent volontairement ou involontai-
rement à commercer et surtout à jeter des bases, à *poser
des jalons* dans un pays, qui, sorti de l'état primitif et bar-
bare dans lequel il se trouve encore, ouvrira au commerce
et à l'industrie de grands débouchés.

Cet avenir n'est pas éloigné. Le Maroc est très divisé
politiquement parlant, il est envié par presque toutes les
puissances européennes, et le jour où quelques-unes de ces

1

nations seront fortement occupées chez elles, celle qui aura
ou la sagesse ou la chance de rester complètement en
dehors des conflits s'empressera de faire sa proie du Magh-
reb!

La fin de ce triste empire, triste quant à son administration, à son gouvernement et à sa barbarie, peut arriver
d'une autre manière, mais nous croyons qu'elle se réalisera
comme nous venons de le dire, car ce qui maintient justement le *statu quo* au Maroc, c'est ce désir de toutes les
puissances de posséder le pays.

II. — AGRICULTURE

État de l'agriculture. Eaux et forêts. Faune. Richesses minérales.

État de l'agriculture. — Le Maroc est appelé certainement à un grand avenir agricole, mais pour le moment
avec l'administration inique des caïds et les mesures prohi-
bitives édictées par le sultan contre l'exportation des
céréales, l'agriculture est presque nulle (1).

Le paysan plante juste pour ses besoins et pour le payement des impôts. Planter plus, c'est récolter plus, c'est
s'enrichir, or le riche mène une vie malheureuse, il excite
la jalousie des gouverneurs, qui le dépouillent et après
l'avoir accusé d'un méfait quelconque le font enfermer à
la kasbah, où il peut facilement mourir de faim. Planter
si peu, il est vrai, c'est encore s'exposer à la mort, car les
pluies peuvent venir à manquer, la récolte ne pas donner
et le paysan qui n'a pas de réserves des années précédentes, se trouve sans nourriture.

Ajoutez à cela que les moyens de travailler sont très
primitifs, les charrues sont celles dont on se servait il y a
des siècles et rien ne vient encourager à produire davantage. Le sultan croit ou plutôt feint de croire que l'exportation du blé en Europe amènerait la disette dans son
pays et élèverait le prix du pain; cela serait vrai si la
la production ne devait pas augmenter, mais le Maroc

(1) Nous verrons dans la deuxième Partie que cette prohibition a
été levée pour une période de trois années.

peut produire dix et vingt fois plus qu'il ne produit. On y voit des étendues de terrain sans culture aucune, et cependant ce sont des terres arables. Le pays est très fertile, probablement plus fertile que l'Algérie. Il nourrit 8,000,000 d'habitants. Il pourrait en nourrir 40,000,000. En attendant qu'il se peuple, on pourrait exporter le blé qui serait en surplus. On fait à ce sujet le calcul suivant :

La superficie du Maroc est de 80,000,000 d'hectares, dont 20,000,000 de pays soumis au sultan. Sur ces 20,000,000, retranchons 1/10 de terres impropres à la culture des céréales : soit 2,000,000, reste 18,000,000. De ces 18,000,000, prenant 6,000,000 d'hectares (c'est-à-dire restant au-dessous du chiffre du nombre d'hectares qui peuvent produire du blé), et en calculant à 18 hectolitres par hectare, nous aurions une production de 108,000,000 d'hectolitres, qui, à 3f,70 l'hectolitre (1), représenterait une valeur de 399,600,000 francs.

De ces 108,000,000 d'hectolitres pour nourrir les 8,000,000 de Marocains en comptant à 4 hectolitres de blé par an et par tête, on a à déduire 32,000,000 d'hectolitres. C'est un chiffre exagéré, car sur les 8,000,000 de Marocains, 4,000,000 au moins rentrent dans la catégorie des insoumis, qui vivent sur les terres insoumises que nous n'avons pas fait entrer en ligne de compte pour la production du blé. En résumé, il reste 76,000,000 d'hectolitres disponibles pour l'exportation.

Tout le monde serait satisfait de ce résultat, qui est d'autant plus admissible qu'autrefois le Maroc fut un des greniers de Rome, le sultan verrait ses coffres grossir grâce à un droit d'exportation qu'il percevrait, le peuple s'enrichirait et l'Europe, dont la plupart des pays doivent chercher du blé au dehors, aux Indes et en Amérique, y trouverait son avantage aussi.

(1) Ce prix de 3 fr. 70 l'hectolitre met à 6 francs la karroba de 120 kilogrammes (si l'on compte l'hectolitre à 75 kilogrammes); c'est le prix moyen dans l'intérieur des terres. On ne peut prendre un prix supérieur, car, s'il s'agit d'exporter le blé, il convient d'ajouter :

1° Le transport du lieu de production à la côte; nous savons qu'il n'existe ni chemin de fer, ni voiture. Les transports se font à dos de chameau. Un chameau porte environ 200 kilogrammes.

2° Les droits de sortie.

3° Le transport par mer.

Pour le moment, les Marocains ne produisent guère que ce qui leur est absolument nécessaire, malgré l'autorisation du sultan d'exporter le blé pendant une période de 3 années ; mais nous espérons que cet état de choses changera et que le Maroc deviendra un marché de blé important (1).

Les autres produits agricoles sont : le *maïs*, les *fèves*, les *lentilles*, les *pois*, le *henné*, le *fenu grec*, l'*aldora*, etc., tous ces produits s'exportent, mais en faible quantité, le pays en fournit peu et cependant combien plus il pourrait en donner ! Le climat est excellent, le sol si fertile que la terre produit pour ainsi dire d'elle-même. Les *fleurs* sont odoriférantes (2), les *fruits* savoureux ; les oranges, les citrons, les figues, y poussent aussi facilement qu'en Espagne.

La *vigne*, qui n'existe qu'à l'état rudimentaire, produit sans être travaillée. Elle réussirait certainement au Maroc, et donnerait probablement des crus meilleurs qu'en Algérie. C'est un avenir pour le pays (3).

La *pomme de terre*, cet aliment si utile, pousse au Maroc, mais elle y viendrait bien et en grande quantité, si on voulait la cultiver. Ce que nous disons de ce tubercule, peut se dire de tous les autres légumes.

Eaux et forêts. — Les *forêts* qui sont nombreuses dans le Sud renferment des essences précieuses : *chêne, acajou, santal, tamarin, avar, organier* (les noyaux de la baie de cette dernière plante fournissent une huile précieuse pour l'éclairage et les usages culinaires). Il serait bon toutefois de les replanter. Elles ont existé en très grand nombre, et leur reboisement donnerait au pays l'eau, qui manque en certains endroits.

Les parties boisées, en effet, font totalement défaut dans le Nord, et l'organisation du service des Eaux et Forêts, qui est si excellente en Europe, est absolument inconnue au Maroc où on n'a pas la moindre idée de ce qu'il y a faire. Et cependant le Sultan, frappé des effets désastreux du

(1) Par la convention commerciale conclue en 1891 entre le Maroc et l'Allemagne, le Sultan a permis un essai d'exportation du blé et de l'orge. Cet essai doit durer trois ans ; toutefois l'exportation sera suspendue en cas de disette dans le pays.

(2) Avis aux parfumeurs, savonniers de Marseille et de Paris.

(3) Fait nouveau et digne d'attention, en 1887, on a exporté de Larache pour la France 9,600 litres de vin du pays.

déboisement, a interdit, en 1890, la coupe libre. Qu'est-il arrivé de cette interdiction?

Ce qui doit arriver en pareil cas, lorsque les mesures de répression ne sont pas possibles. Le déboisement a continué comme avant.

Celui qui parcourt le Maroc ne peut s'empêcher d'être frappé de cette pénurie d'arbres et, s'il trouve par hasard quelque vestige d'une forêt antique, il ne peut que constater les conséquences désastreuses d'un déboisement inintelligent; de sorte qu'après avoir cheminé pendant plusieurs jours sur les pistes capricieuses de ce pays aux terres riches et variées, le voyageur ressent péniblement cette absence de feuillées et il compare tout naturellement le Maroc à une belle femme à qui l'on a coupé les cheveux.

« En dehors de l'unique et peu sûre forêt de Mamora, écrit notre excellent ami de Kerdec, rédacteur du *Réveil du Maroc*, on ne trouve qu'auprès de Larache une réunion d'arbres occupant assez de superficie pour être dite : forêt. Et encore les chênes, les vieux chênes-lièges, les tamarins et merisiers y sont tellement espacés qu'on devrait plutôt donner à leur ensemble le nom de parc. Chacun tranche et coupe à sa guise dans ces vieux restes d'une antique splendeur forestière, de sorte que peu d'années suffiront pour ne laisser paraître, au ras du sol, qu'une série de troncs demi-enterrés, là où autrefois de superbes feuillages exerçaient au-dessus du sol leur action bienfaisante. De ci de là on rencontre aussi un bouquet de vieux oliviers ou d'antiques chênes-lièges, derniers et tristes survivants d'une opulence forestière passée. Nous avons eu l'occasion de voyager deux jours de suite, sans même rencontrer un seul de ces bouquets ou bosquets, en n'apercevant parfois que deux ou trois silhouettes d'arbres rabougris sur les pentes des collines, ou un maigre profil d'arbre desséché, sur une des crêtes fermant un côté de l'horizon.

« Quel contraste frappant entre la richesse naturelle de ces terres presque vierges, favorisées de nombreux cours d'eau, et ce déboisement insensé accompli par la main des hommes, livrant à l'action dévorante du soleil africain et aux envahissements d'une brousse ingrate et incolore, de vastes espaces que la nature avait protégés et embellis par de magnifiques forêts aujourd'hui détruites! »

On peut se demander pourquoi le Sultan, rendant l'arrêt dont il est question plus haut, l'a plutôt signifié aux puissances européennes qu'à ses sujets, contre qui il aurait dû prendre des mesures très sévères. Le gouvernement chérifien ne doit pas ignorer que les Européens se contentent d'acheter le charbon de bois que leur vendent les indigènes, sans s'occuper de sa provenance.

Si la voix du sultan était écoutée, cette mesure serait certainement un palliatif à la disparition du bois. Celui-ci est si rare dans certaines régions qu'on prend, comme combustible, tout ce qui tombe sous la main; des herbes desséchées, de la bouse de vache, des crottins de chevaux et de chameaux. L'exploitation des tourbières qui existent dans certaines parties du pays, serait un autre remède. Malheureusement l'indigène ignore l'emploi de la tourbe; il se contente de dépouiller la surface du sol et ne songe nullement à ce que la terre peut renfermer dans son sein. On s'explique que le Maroc, retenu par des considérations politiques, se refuse à ouvrir les mines de charbon qu'on sait exister en divers points, mais on ne s'explique guère qu'il néglige l'extraction de la tourbe. L'ignorance et l'apathie seules doivent être les causes de ce délaissement absurde.

D'autre part, il n'est pas facile de remédier à l'insuffisance du bois et d'empêcher en même temps la coupe des futaies et des broussailles, si l'on ne peut exploiter parallèlement la houille ou la tourbe. Que brûlerait-on, en attendant que les forêts reboisées puissent être mises en coupes annuelles et régulières ?

Il existe des gisements de houille autour de Tanger, mais on peut se demander quelle influence aurait sur le reboisement du Maroc l'ouverture de mines de houille aux environs de Tanger. Aucune, puisqu'il n'y a pas de voies de communication et que l'indigène ne viendrait pas de l'intérieur chercher un nouveau combustible qui serait peu propre à être utilisé dans les huttes de chaume ou de pisé et qui brûlerait difficilement dans les fourneaux primitifs des Marocains.

Pour que l'ouverture des mines de charbon soit bienfaisante, il faut la création de voies de communication. Combien d'années s'écouleront encore avant cette époque désirable ? الله يعلم (Allah yaelam !) Dieu le sait, comme disent les Marocains. En attendant ce jour désiré, on peut souhaiter que le Sultan remédie, d'une manière énergique, à ce déboisement effréné, qui est si nuisible aux régimes climatérique et hydrographique du Maroc et si préjudiciable pour les habitants.

Faune. — Parmi les *animaux sauvages*, nous citerons le *sanglier*, la *hyène*, le *lynx*, le *chacal*, le *jaguar*, le *renard*, le *chat sauvage*, la *gazelle*, l'*antilope*, etc. Le lion a complètement disparu dans le nord. Il existe encore des *singes* en assez grande quantité. On en rencontre dans les environs de Tétouan. Ce que l'on voit le plus au Maroc, ce sont les *tortues* d'eau et de terre, les *serpents* et les *cigognes*.

Les *volatiles* sont excessivement nombreux.

Les *animaux domestiques* pourraient faire l'objet d'un trafic, malheureusement l'exportation en est interdite. Les animaux sont, à cet égard, placés au même rang que les femmes qui, elles non plus, ne peuvent sortir du pays.

Les indigènes ne prennent pour le moment nul soin d'améliorer les races chevaline, bovine et ovine. Des maladies périodiques ravagent les troupeaux. Les Maures ne prennent aucune mesure contre ces fléaux; ils en attribuent la cause à la Providence. Il n'y a donc qu'à se résigner. On ne fait aucune provision pour les bœufs, moutons et chèvres, dont la seule nourriture est le pâturage ordinaire; aucune précaution n'est prise pour leur éviter la mort en cas de famine.

Jusqu'au règne de Mouley Mohammed, en 1775, le gouvernement fournissait à chaque village un étalon pur sang dont les propriétaires de jument avaient le libre usage pour la reproduction. Cette coutume est tombée, la qualité des bêtes s'est abaissée.

Lorsque le Sultan fait cadeau d'un cheval à un ambassadeur ou à un négociant qui lui a apporté un présent riche ou intéressant, il lui donne en même temps la permission d'exporter l'animal. Quant aux bœufs et moutons, ils sont fournis par courtoisie aux bâtiments des gouvernements étrangers lorsqu'ils visitent les ports marocains. Il est aussi

accordé deux moutons par navire marchand. En dehors de
ces cas, l'exportation des animaux est interdite (1). Cette
interdiction est poussée si loin qu'on a vu des administra-
teurs de douane s'opposer au départ d'un chien qui voulait
suivre son maître. Celui-ci se rendait par mer de Mogador
à Tanger. Il fallut en référer au Sultan qui apporta quelque
adoucissement à cette mesure de rigueur, mais en faveur
des chiens seulement.

Les *richesses minérales* ne manquent pas au Maroc, le
cuivre, le fer, l'argent, l'or, le plomb, l'antimoine, l'étain,
le soufre, le nickel existent certainement dans ce pays;
pour le moment l'extraction du minerai est nulle, on crè-
verait les yeux à celui qui se livrerait à ce travail. Une
chose certaine, c'est l'existence de riches gisements de
houille et de sources de pétrole.

III. — Pêcheries

Les *Pêcheries* sont et seront une source de richesse pour
le pays.

On pêche au Maroc l'*alose*, le *rouget*, l'*anchois*, l'*azlimzah*, le *tasergelt*, la *sole*, le *turbot*, le *maquereau* et surtout
la *sardine*. En 1886-1887, on fit à Mogador des pêches tellement abondantes de sardines, qu'on les vendait à 4 et 8 sous
le cent! L'*azlimzah* ou *maigre* (sciœna aquila) se pêche en
avril à Mogador et ailleurs. En 1890, on en prit dans ce
dernier port de très grandes quantités. On les pêchait à
une profondeur variant de sept à trente-quatre brasses et à
une distance du rivage de un demi mille à quatre milles.
Les plus grosses prises eurent lieu au mois d'août. Il
n'était pas rare alors qu'un seul bateau prît trente à
soixante de ces grands poissons en une seule matinée. Le
marché vint tellement à en regorger que le prix s'abaissa
à vingt centimes par pièce et que le gouverneur dut ordon-
ner de vendre et de nettoyer les poissons hors de la ville.
Comme amorce on se sert généralement d'octopus (genre
poulpe), que l'on fixe à des hameçons ou à des lignes en

(1) Le gouvernement anglais a cependant l'autorisation d'exporter
de Tanger des bœufs pour sa garnison de Gibraltar.

triple fil de cuivre. La consommation des octopus fut si grande qu'on ne pouvait plus trouver à en acheter. On prit alors comme amorces des sardines et d'autres petits poissons.

Le *tasergelt (temnodon saltator)* fut pris également en grande quantité dans le même port de Mogador et durant la même année 1890. On en fut même embarrassé. Cependant le prix ne descendit jamais aussi bas que celui de l'azlimzah. Il variait entre 1 franc et 1 fr. 25 par pièce. La chair du tasergelt est très estimée des Maures et des Juifs.

Le *chebbel*, appelé à tort saumon barbaresque, est une alose anadrome identique à la *clupea alosa* d'Europe. On le pêche pendant l'hiver et au commencement du printemps dans les principales rivières du Maroc. Ce poisson, dont le poids ne dépasse guère six livres, est d'un goût très délicat quand il est frais. Lorsqu'il est salé il ressemble à une sole bien soignée de Yarmouth.

Comme appât pour le petit poisson on se sert de mussels. Il y en a deux sortes, le *mytilus perme* et le *mytilus galloprovincialis*. On les trouve dans les anfractuosités de rocher et sur la coque des navires. Les rochers qui émergent sont couverts de ces bivalves. La provision en paraît inépuisable.

On trouve encore sur les côtes du Maroc beaucoup de *crabes, crevettes* et *langoustes*. On les prend surtout dans des filets destinés à la capture d'autres poissons. Le *homard* et les *coquillages* sont mangés par les Européens. Les Maures et les Juifs ne pouvant en faire usage, on peut se les procurer à assez bas prix. On pourrait placer des paniers pour pêcher les homards; ceux que l'on trouve sur le marché ont été pris fortuitement par les pêcheurs à la ligne ou par ceux qui cherchent l'octopus comme appât.

Le *thon* se trouve en abondance sur la côte, entre Casablanca et Cabo Spartel.

Avis aux fabricants de conserves! Des pêcheurs portugais viennent d'habitude pêcher à Mogador, à Agadir; ils salent les poissons qu'ils prennent et les vendent en Espagne et au Portugal; les Italiens cherchent à établir des pêcheries sur la côte du Maroc et même du Sahara. Pourquoi ne ferions-nous pas comme eux?

Tel est l'état de l'agriculture et des pêcheries au Maroc.

IV. — Exportations et importations

§ 1. — Exportations. Prix des marchandises. Droits de sortie et d'entrée.

Nota. — Tandis que les *droits de douane* sont fixés à l'entrée des marchandises (1), à la sortie ils sont très variables. Des droits de douane que nous donnons dans ce paragraphe, on a l'habitude de rabattre 25 0/0 suivant le cas et suivant les marchandises (2).

Amandes. — Elles viennent de Mogador, du sud du Maroc et de l'est (du Riff). Celles de Haha valent de 65 à 72 pesetas les 50 kilogrammes à bord; celles de Sous, un peu moins cher, soit 60 à 68 pesetas. Ces prix sont un peu élevés, car, en novembre 1888, les amandes Haha valaient à Mazagan 54 à 55 pesetas, et à Mogador 48 à 54 pesetas en septembre et octobre de la même année. Les droits de douane sont de 10 francs les 50 kilogrammes. — On exporte ces amandes en France et en Angleterre.

Anis. — Vient surtout de Mequinez, coûte de 58 à 60 pesetas à bord, s'exporte en Angleterre en petites quantités.

Alpiste. — S'exporte en grandes quantités par Larache et Tanger pour l'Espagne, le Portugal, l'Angleterre et l'Amérique. Il vaut de 10 à 15 pesetas les 50 kilogrammes à bord et paye un droit de douane de 1 fr. 75 les 50 kilos.

Alfa. — Le droit de sortie est trop élevé pour en permettre l'exportation.

Babouches. — Viennent surtout de Fez, se fabriquent en velours et en cuirs, se vendent de 6 à 8 pesetas les premières et de 2 à 4 pesetas celles en cuir. Le droit de douane à la sortie est de 10 pesetas 50 le cent. Elles s'exportent en Algérie et à Gibraltar en transit pour l'Égypte, Tripoli et Tunis.

Blé. — L'exportation a été défendue jusqu'en 1891. A

---

(1) Ce droit à l'entrée est de 10 0/0 *ad valorem*.

(2) Quoique le droit de douane varie à la sortie des marchandises, il est cependant en général de 10 0/0 comme à l'entrée. A ce droit de sortie, il faut ajouter les droits à l'entrée du pays de destination. D'après la loi du 6 février 1893 parue au *Journal officiel* du 8 février, le tarif *minimum* français est appliqué aux produits et marchandises originaires du Maroc.

Mazagan, à Mogador, les prix varient entre 6 et 8 francs la karroba (120 kilogrammes.)

Carvi. — Paye un droit de sortie de 3 pesetas les 50 kilogrammes.

Ceintures. — Payent un droit de sortie de 15ptas50, le cent (1).

Cire (d'abeilles). — Se vend sur toute la côte de 95 à 110 pesetas les 50 kilogrammes, payant à la sortie, pour cette quantité, un droit de 17ptas,50. S'exporte en Espagne, en Angleterre et en France. Pour le seul port de Mogador, l'exportation de ce produit a été en 1887 de £ 6,375, soit £ 4,591 pour l'Angleterre et £ 1,785 à destination de la France (2).

Citrons. — Se cultivent près des sources et des fleuves, s'exportent en Angleterre et ailleurs, se vendaient à Mogador, en septembre 1888, 25 francs le quintal franco bord.

Cornes. — Droit de douane, 3 pesetas le mille.

Cornes (Bêtes à). — *Bœufs.* — S'exportent en Espagne et à Gibraltar pour la nourriture de la garnison. Se vendent à Tanger de 60,70 à 150,160 et 200 pesetas par tête, le droit de douane étant de 25 pesetas (3).

Coriandre. — Vient de Larache, se vend de 8 à 10 pesetas le saâ de 110 Kos; on l'exporte en France en petites quantités.

Cuirs (4). — S'exportent en France, Espagne et Allemagne, valent de 10 à 15 pesetas le kilogramme.

Cumin. — Sur toute la côte, mais surtout à Mogador, s'exporte en France, se vend aux environs de 30 francs les 50 kilogrammes; s'est vendu 27 francs du mois de dé-

---

(1) Viennent surtout de Tétouan, valent de 12 à 15 pesetas la douzaine.

(2) La cire brute se vend de 14 à 20 pesetas les 50 kilogrammes à terre.

(3) A ce droit de douane de 25 pesetas, il convient d'ajouter 1.75 ainsi réparti :

Licence.....	0.50
Embarquement............. ....•	1, »
Menus frais........... ....•............ ..	0.25
Total........... ....•	1.75

(4) Le droit de douane des cuirs et peaux est de 5 ptas,25 les 50 kilogrammes.

cembre 1888 au mois de mars 1889 à Mogador; paye un droit de sortie de 3 pesetas les 50 kilogrammes.

Dattes. — Viennent de Fez et de Maroc, s'exportent en Espagne, Angleterre et France. En 1887, de Mogador on en a exporté pour £ 70; c'est peu, mais c'est plus que les années précédentes. Elles se vendent de 25 à 70 pesetas les 50 kilogrammes et payent un droit à la sortie de 5 ptas, 80. En juillet 1888, elle se vendirent 55 pesetas le quintal métrique, et en novembre 80 pesetas, pour retomber à 55 pesetas en février 1889. A Tanger, le prix des dattes varie entre 70 et 90 pesetas.

Feuilles de rose. — En 1887, on en a exporté de Mazagan à destination de la France.

Fenu grec. — Se vend à Tanger, Larache, de 9 à 11 pesetas les 50 kilogrammes; s'exporte en petites quantités en France et en Angleterre.

Fèves. — Sur toute la côte, à Larache, Casablanca, Mazagan, Saffi; s'exportent en grandes quantités en Espagne, en Portugal et en Angleterre; se vendent de 6 à 8 francs les 50 kilogrammes. Droit de douane, 2 ptas, 50 les 50 kilogrammes (1).

Gommes. — La *gomme arabique* se vend de 100 à 110 pesetas le quintal; se vendait dans les derniers mois de 1888 jusqu'à 120 et même 123 pesetas. La *gomme sandaraque* vaut de 70 à 85 pesetas, se vendait en mars 1889, à Mogador, de 63 à 75 pesetas; la *gomme Amrad*, de 85 à 93 pesetas, et la *gomme Sénégal* de 213 à 220 pesetas les 50 kilogrammes. Droit de douane, 3 pesetas. Ces gommes, qui se vendent surtout à Mogador, s'exportent en Angleterre et en Espagne. En 1887, de Mogador on en a exporté pour £ 136, presque tout pour l'Angleterre.

Henné (2). — S'exporte en France, vient de Mazagan,

(1) En 1887, à Mogador, on a exporté pour £ 3,4 de fèves, presque tout pour l'Angleterre.

(2) Poudre brune pour la teinture, provenant de feuilles desséchées au soleil. L'arbuste qui produit ces feuilles se développe particulièrement dans le Tafilet, aux environs de Mazagan et sur le territoire des populations belliqueuses de Zaerès.

La poudre délayée dans l'eau donne une pâte brune, assez épaisse, dont les Musulmans se servent pour se teindre les ongles et les mains.

Casablanca, s'exporte également à Tunis et en Algérie, se vend de 55 à 56 pesetas les 50 kilogrammes. Droit de douane 2 ptas 20.

Huiles d'olive. — 30 à 35 pesetas les 50 kilogrammes, à Mogador, et à Mazagan de 25 à 30 pesetas.

Huiles d'argan. — de 40 à 44 pesetas. Droit de sortie, 7ptas,10 le quintal. Ces huiles s'exportent en Angleterre et en Espagne.

Linettes. — Casablanca, Tétouan, 12 à 15 pesetas les 50 kilogrammes à bord, s'exportent en Angleterre et en France.

Laines. — Sur toute la côte. Les *laines sales* vont surtout à Marseille. Les autres vont en Angleterre et à Marseille également. L'exportation des laines progresse. A Rabat, cette exportation a été, en 1887, de 9,538 quintaux dont 4,591 pour l'Angleterre. Ce chiffre de quintaux n'avait jamais été atteint les années précédentes. Prix de la laine : (en septembre 1888 à Mazagan) *laines lavées*, de 200 à 210 francs les 100 kilogrammes f. b.; *laines en suint*, 60 à 95 francs. — Droits de douane : laines lavées, 12 pesetas; laines en suint, 8ptas,55 les 50 kilogrammes.

Lentilles. — Viennent de Larache, Casablanca, Mazagan, se vendent 8 à 9 pesetas les 50 kilogrammes et s'exportent en Angleterre et en Espagne.

Maïs. — Saffi, Casablanca, Mazagan, s'exporte en Angleterre et en Portugal ; se vend de 5 à 6 pesetas les 50 kilogrammes. Droit de douane 2ptas,50

Noix. — Casablanca, Tétouan, 2 fr. 50 à 3 francs le mille, s'exportent en Espagne et en France. En 1887, on a exporté de Mogador £ 80 de noix à destination de l'Angleterre.

Oranges. — Larache. L'Espagne a le monopole de l'exportation de ces fruits. 30 à 40 francs le mille. Droit de douane, 1 fr. 75 le mille.

Orge. — L'exportation en est interdite (1). Elle se vend d'habitude de 5 à 6 francs le karroba de 120 kilogrammes. En 1887, pour compte du gouvernement, on a exporté

---

(1) Nous avons vu plus haut que cette prohibition est provisoirement suspendue.

£ 293 d'orge à destination de France, soit 650 quarters
(de 440 livres), contre £ 958 en 1886.

Œufs. — De 25 à 50 pesetas le mille, payant pour cette
quantité un droit de sortie de 7 fr. 80.

Orchella weed. — S'exporte en petite quantité, mais il y
a progrès dans l'exportation. En 1886, toute l'exportation
de ce produit s'était faite avec l'Angleterre, en 1887, ce fut
avec l'Espagne.

Pois chiches. — S'exportent en France, en Espagne, en
Portugal, en Angleterre, se vendent à Mazagan, Larache,
Cazablanca, de 18 à 21 francs les 100 kilogrammes les *gros
pois chiches*, et de 14 à 18 francs les *petits pois chiches*.

Plumes d'autruche. — Commerce de peu d'importance
aujourd'hui. A Mogador en 1887, on exporta 6 boîtes de
plumes d'autruche pour l'Angleterre ! La France et l'Angleterre se fournissent maintenant au Cap. Droit de douane
15 fr. 50 la livre.

Poils de chèvres. — Toute la côte en fournit, s'exportent
en France et en Angleterre. 30 à 40 pesetas les 50 kilogrammes f. b.

Peaux de chèvres. — Jusqu'en 1887, la France eut le
monopole de ce marché. Mais cette année-là, à Tanger, il
y eut un trafic considérable de peaux de chèvres avec Phi-
ladelphie. A Mogador également s'opéra un changement,
qui fit dire à un consul anglais dans un de ses rapports :
« Les faibles embarquements de peaux de chèvres, signalés
dans mon rapport de l'année dernière, semblent avoir
amené, en Angleterre, l'ouverture de ce commerce important, jusqu'ici entièrement monopolisé par la France ». En
1887, 3,416 douzaines de peaux de chèvres, soit pour une
valeur de £ 2,280, furent expédiées en Angleterre, tandis
que Marseille en prit pour £ 46,892, ce total étant inférieur
de £ 14,726 à celui de 1886. Le même fait s'est produit à
Rabat et à Casablanca où nous avions le monopole de cet
article. A Casablanca, il a été expédié pour l'Amérique,
par la voie de Londres, £ 2,724 peaux de chèvres. Prix :
13 à 20 francs la douzaine.

Peaux de vaches. — C'est là un nouveau marché. En 1887,
on a exporté de Mogador en Angleterre £ 550 de ces peaux
et en France pour £ 300.

Paniers. — Droit de douane 4 fr. 70 le cent.

Poules. — Droit de douane 3 fr. 25 la douzaine, se vendent de 6 à 14 francs la douzaine.

Porc-épic (pointes de). — Un commerce peu important, mais qui progresse. A Mogador, il s'est vendu 180,000 de ces pointes pour l'Angleterre.

Racine d'iris. — 9 tonnes vendues à Mogador, en 1887, à destination de l'Angleterre.

Radis (graines de). — Vendues en France et en Angleterre de 20 à 22 francs les 50 kilogrammes f. b.

Sésame. — Mogador, Mequinez, Mazagan, à destination de l'Angleterre, 12 à 15 pesetas les 50 kilogrammes f. b. En 1887, de Mogador, 385 sacs de sésame furent exportés en Angleterre et 105 en France.

Sparte. — Mogador et le Riff. Destination, France et Angleterre. Prix : 2 à 3 pesetas les 50 kilogrammes f. b.

N. B. — Tous les prix donnés dans le paragraphe précédent, prix de vente et droits de douane, se rapportent au quintal, soit 50 kilogrammes; à moins qu'il n'en ait été spécifié autrement. A de rares exceptions près, les prix donnés sont ceux des marchandises *franco bord* (f. b.).

Nous complèterons ce paragraphe, en énumérant rapidement les autres articles fabriqués dans le pays et qui ne font pas l'objet d'un commerce spécial.

Articles venant surtout de Fez.

Haïque (1). — Laine et soie valant de 25 à .. francs; en coton de 15 à 25 francs. *Coussins,* en velours et en cuir. *Babouches. Poudrières. Sabres. Cruches en terre. Assiettes. Plats. Vases à fleurs. Pots en terre. Chandeliers. Encriers. Bols. Petites cruches. Bouteilles, Pots de fleurs. Compotiers.*

A Wassan.

Se fabriquent des *haïques* en laine valant de 11 à 15 francs.

De Tétouan.

Fusils. — De 30 à 70 francs. — *Lampes.* — *Cassolettes.*

D'Anguera.

Linges de toilette.

---

(1) Grande pièce de laine, de soie ou de coton, de 4 à 5 mètres de long, que les Maures mettent par dessus leur costume.

De Casablanca.

Tapis. — Portières.

De Mequinez.

Éperons argentés. — Poignards en argent et en cuivre. — Couteaux.

De Tanger.

Bracelets en or et en argent. — Agrafes. — Épingles de cravate. — Anneaux. — Bagues. — Boucles d'oreilles. — Tapis. — Plateaux en cuivre.

D'Azemor.

Des *Portières.*

De Mogador.

Des *Plateaux en cuivre.*

§ 2. — Importations.

Acier. — Vient d'Angleterre, se vend de 17 à 19 francs les 50 kilogrammes. La consommation en est faible.

Alcool. — D'Allemagne et des États-Unis; vient par la voie anglaise, se vend de 2 à 3 francs le galon de 5 litres. En 1887, on en importa à Mogador pour £ 1,298, dont £ 1,168 de France, £ 100 d'Angleterre et £ 30 d'Espagne. Ces chiffres sont supérieurs à ceux de 1886.

Allumettes. — Les allumettes viennent en général de France et d'Algérie. La France en a eu jusqu'à présent le monopole. Cependant il commence à en venir d'Italie, d'Angleterre, d'Espagne et de Suède. Le prix en est de 300 à 330 francs les 100 grosses.

L'importation, pour le seul port de Mogador, a été en 1887 de £ 450. Toutes venaient d'Algérie. Les Arabes ne veulent pas d'allumettes en bois ni de celles qui ne prennent feu que sur le côté de la boîte. Ils préfèrent les allumettes bougies.

Bijouterie. — Vient d'Espagne, de France, d'Angleterre, de Belgique.

Bougies. — Un marché que la France risque de perdre. Par exemple, à Mogador, en 1886, l'importation des bougies avait été de £ 2,900, toutes venant de France. En 1887, l'Angleterre importa à Mogador pour £ 636 de bougies, la France n'en importait que pour £ 568. De même à Rabat, où, jusqu'en 1886, la France avait le monopole de cet article, l'Angleterre importa, en 1886, 974 quintaux (1) de bougies; de Marseille, il n'en était venu que 118 quintaux. A Casablanca, commencent à se vendre les bougies anglaises. A Tanger, c'est surtout la concurrence allemande que la France a à redouter. Les Allemands imitent cependant les bougies anglaises, ils les enveloppent et les empaquètent de la même façon.

Les bougies anglaises se vendent 7 d. le paquet de 4, les autres bougies valent de 7 à 9 d. Ce qu'on vend le mieux ce sont les bougies mises en paquets d'une livre (453 grammes). Les paquets de 500 grammes de 4, 5 ou 6 bougies se vendent 65 à 68 francs les 100 paquets.

Bière. — Nous lisons dans un rapport anglais sur le district de Mogador (1887) : « La consommation de la bière s'est accrue grandement depuis l'introduction de la bière allemande dite « Lager », qui convient mieux à ce climat que les ales anglais, plus lourds. La quantité importée en 1887 a été de 1,288 douzaines de bouteilles estimées £ 515 contre £ 380 en 1886. Nous pouvons en toute sécurité dire que les 4/5 de cette bière étaient d'origine allemande, quoiqu'elle vînt d'Angleterre. »

A cette observation, nous ajouterons qu'à Mogador existent deux maisons, l'une allemande et l'autre anglaise. La maison allemande vend de la quincaillerie, des articles de luxe, du papier, du savon et de la bière. La maison anglaise fabrique des eaux gazeuses, du soda, de la limonade et du ginger ale (2).

Café. — Vient de France, d'Angleterre et du Brésil. Le prix varie beaucoup suivant la provenance et la qualité. Il se vend de 90 à 120 francs les 50 kilogrammes.

Cochenille. — D'Espagne et des îles Canaries, s'importe

---

(1) Dans ce chiffre, il faut compter les bougies belges et allemandes, venant par la voie d'Angleterre.

(2) Il existe également une maison espagnole à Mogador, mais celle-là ne vend pas de liquide, à ce que nous croyons, du moins; elle vend des conserves fumées, renfermées dans des boîtes en fer blanc d'un extérieur très attirant. Ces conserves consistent en poules, perdrix, lièvres, etc.

en petites quantités, se vend de 200 à 210 francs les 50 kilogrammes.

Ciments. — Sont anglais principalement.

Coton. — Le *coton filé* vient d'Angleterre en paquets de
67 1/2 lb.

Il en vient d'Espagne, principalement de Cordoue, qui
se vend de 2 à 3 pesetas la livre de 16 onces; celui d'Angleterre 3 fr. 50 la livre. Le *coton brut* vient d'Angleterre
et des Indes (par voie anglaise) et se vend de 80 à 82 pesetas le quintal.

L'Angleterre a le monopole des cotons manufacturés, des
cotonnades dans tous les ports.

A Rabat, en 1887, la moitié des importations étaient des
cotonnades, soit 1,013 balles valant £ 65,265, venant toutes
d'Angleterre. La même année, à Mogador, l'Angleterre
avait importé pour £ 55,360 de cotonnades, la France n'en
importait pas cette année-là dans ce port. L'année précé-
dente, la France en avait importé pour £ 4,556.

Le *coton brut* importé à Mogador avait été de 175 qx,
valant liv. 602, ce coton venant d'Angleterre. La France
en importait 151 qx, valant £ 540. Ce coton sert à la con-
fection des vêtements.

Les *articles de coton, mousseline, grenadine,* viennent
d'Angleterre et de Suisse; ceux de Suisse passent par Marseille.

La *mousseline* (anglaise) se vend en pièce de 10 et
20 yards, dans les prix suivants :

Longueur.	Largeur.	Prix, la pièce.
20 yards.	19 pouces anglais.	3 à 4 pesetas.
12 —	35 —	5 pesetas.
10 —	36 —	4.50.
10 —	28 —	5.50 à 5.75.

Les cocos se vendent en pièce de 24 yards de long, de
28 pouces de large, dans les prix de 5, 6, 7 et 8 pesetas la
pièce.

La *cretonne,* de 6 à 7 pesetas la pièce de 12 yards de
long sur 28 pouces de large.

Conserves. — Viennent d'Angleterre et de France. Se
consomment peu. Il en vient surtout de Marseille; les

Européens de Tanger en font une certaine consommation.

Chocolat. — D'Espagne, d'Angleterre et de France, se vend de 1 à 5 francs le kil.; c'est l'Espagne qui en vend le plus. Faible consommation.

Clous de fer. — D'Angleterre et de France. Ceux qui se vendent le plus sont les pointes de Paris, 20 à 21 francs les 50 kil.

Cristallerie. — La cristallerie est vendue par la France, l'Angleterre, l'Allemagne et la Belgique. La France progresse dans cette vente. A Mogador, la France, en 1887, a vendu pour £ 1,170 de cet article. L'Angleterre n'en vendait que pour £ 465, tandis qu'en 1886 sa vente avait été deux fois plus forte. Ce qui se vend mieux que les verres à pied et verres employés généralement par les Européens et par les Juifs, ce sont les petits verres, surchargés d'ornements dorés et de fleurs. Les Maures s'en servent pour boire leur liqueur nationale, le thé vert. En résumé, la France vient en tête dans la vente de la verrerie.

Construction (Bois de). — Cette industrie est celle qui a le plus d'importance à Tanger. La France qui, jusqu'à présent, avait le monopole du bois travaillé, des meubles et de la ferronnerie, rencontre de sérieux concurrents dans la Suède, la Norvège et l'Angleterre, aussi bien à Mogador qu'à Tanger.

Draps. — Les draps, dont l'usage s'étend, viennent surtout d'Allemagne, qui paraît vouloir supplanter l'Angleterre et la France. A Mogador, en 1887, l'Angleterre avait vendu 24,000 yards de draps, soit liv. 4,800, la France avait vendu pour liv. 1,100, soit 22,000 yards contre un total de liv. 4,904 en 1886. De ces draps qui viennent d'Angleterre et notamment du Yorkshire, la plus grande partie est d'origine allemande. A Mogador existe une maison allemande vendant des draps. Elle est dirigée par deux Allemands, dont un ancien sous-officier. Des agents allemands et autrichiens parcourent l'intérieur du pays, y vendent directement et supplantent les Anglais par le bon marché de leurs produits. A Tanger également, l'Allemagne et l'Autriche détiennent le marché des draps. L'Angleterre ne fournit que ceux connus sous le nom d'Army Cloths (draps de troupe).

Les couleurs de draps qui plaisent le plus sont : rouge éclatant, jaune, bleu clair, bleu de roi, rouge clair, pourpre, vert éclatant, carmin. Ces draps se vendent à la classe aisée. Généralement les draps d'Allemagne se vendent en pièces de 22 mètres de long et de 34 pouces de large à 5 et 6 francs le mètre ; d'autres, de 36 pouces de large, se vendent 4.25, 5, 5.25. Les draps d'Angleterre se vendent en pièce de 24 à 40 yards à 6 et 7 pesetas le yard.

Nota. — On ne saurait trop recommander aux négociants de s'attacher au goût, aux habitudes du client ; ainsi une simple différence dans le pliage du drap anglais avec celui du drap allemand donne un avantage au premier, tellement sont méticuleux les clients indigènes.

Droguerie. — Vient surtout de Marseille, mais en petite quantité. Notons un peu d'*arsenic* venu de Marseille à Tanger, et du *salpêtre* venant d'Angleterre.

Étain. — D'Angleterre, 150 francs les 100 kil., faible consommation.

Eaux-de-vie. — D'Espagne, de 1 à 6 francs le litre. Il en vient également des Canaries, appelées *de caña*, à 200 fr. la pipe de 120 galons.

Fers. — Les fers viennent de Suède, de Belgique, d'Angleterre et de France, généralement en barres de 2 mètres de long.

On préfère les barres qui portent la marque des trois X dont le prix varie de 15 à 17 francs les 50 kil. ; le fer anglais se vend de 15 à 16 sh. le quintal fort de lb. 178 ; celui de Suède est d'environ 3 sh. plus cher.

Le *fer vieux* se vend de 6 à 8 pesetas. Quant aux *fers travaillés*, leurs prix varient beaucoup. A Mogador, jusqu'en 1887, le fer vendu était entièrement suédois. En 1887, l'Angleterre vendit dans ce port 30 tonnes de fer, soit pour liv. 40, le chiffre total de la vente de ce produit ayant été cette année-là à Mogador de liv. 3,985 contre un chiffre de liv. 4,250 en 1886.

A Tanger, en plus du fer en barre, se vend le *fer en poutrelle*, dont la vente avait atteint dans ce port le chiffre de liv. 6,498 (en 1887), le *fer en barre* s'étant vendu pour une valeur de liv. 1,290 et le *vieux fer* pour liv. 1,219. Le poids total du fer vendu étant de 10,765 (quintaux anglais).

Le fer en poutrelle et celui en barre venaient de Suède et de Belgique, le fer vieux de France et d'Angleterre (1).

Fer blanc. — Vient d'Angleterre. Les 100 feuilles valent de 21 à 22 francs ; se vend en caisses de 100 feuilles.

Fils d'or et de cuivre doré. — Viennent d'Angleterre, d'Allemagne et de France, se vendent 7 à 8 francs la bobine d'une once anglaise d'or fin et 5 francs l'autre.

Faïence, Porcelaine. — Vient de France, d'Angleterre, d'Espagne et d'Allemagne. Il faut s'attacher au goût du pays. En 1887, l'importation de la poterie anglaise avait diminué à Mogador.

Gommes. — Faible commerce. D'Angleterre, en 1887, on avait importé à Mogador, liv. 595 de gommes, contre liv. 530 en 1886. C'étaient des gommes oliban et benjoin servant pour l'encens et la parfumerie.

Mercure. — Vient d'Angleterre en flacons avec le sceau d'Almaden et en petite quantité ; se vend 275 fr. le quintal.

Papier. — De France et d'Angleterre : 3 à 8 francs la rame de 240 feuilles. En 1887, à Mogador, la valeur du papier importé avait été de £ 460, y compris le papier d'emballage. Ces papiers venaient de France. Une partie cependant était d'origine belge. Encore ici nous trouvons un exemple des scrupules extrêmes des acheteurs indigènes. Le papier belge, quoique reconnu de bonne qualité et de prix raisonnable, est refusé par le consignataire, parce que, dans la rame, il n'y a pas le nombre de feuilles auquel les clients sont habitués.

Peaux. — C'est plutôt un commerce d'exportation, dont nous avons déjà parlé. Mais on peut remarquer qu'en 1887, l'Angleterre envoya à Mogador 1,888 qx. de peaux (sud américain) estimés £ 5,644, et la France 27 qx. estimés £ 81. En 1886, le chiffre total avait été £ 6,785.

Plomb. — L'importation en est prohibée ; s'importe de Londres et de Marseille avec le sceau de Linares, sur ordre spécial du gouvernement.

Papier de fumeur. — D'Espagne et de France, 6 pesetas les cent petits carnets, venant d'Espagne, et 7 pesetas le cent ceux de France.

---

(1) Beaucoup de fer et de bois viennent de Belgique et de Suède par la voie d'Angleterre.

Papier à envelopper. — D'Angleterre et d'Allemagne, 22 fr. 50 le paquet de 500 cahiers de 24 feuilles.

Pierre d'alun. — D'Angleterre, 7 fr. 50 le quint. de 54 kilog.

Pétrole. — Sert pour l'éclairage. A Mogador, en 1887, il en est entré en plus grande quantité qu'en 1886. Il venait d'Espagne, de Suède et des Etats-Unis.

Quincaillerie. — Total des importations, en 1887, à Mogador : £ 2,556. Ce total comprenait certainement de la quincaillerie allemande.

Riz. — D'Espagne et des Indes. Faible importation. De 15 à 16 francs les 50 liv. celui des Indes (qui vient par voie anglaise), et 25 à 30 pesetas les 50 kilog., celui qui vient d'Espagne.

Sucre. — C'est là un commerce considérable, surtout dans le sud du pays. La France tient le premier rang dans la vente de ce produit. En 1886, elle semblait perdre sur certains marchés, comme ceux de Mazagan, Saffi, où l'Allemagne et la Belgique lui faisaient une sérieuse concurrence par le prix et la qualité de leurs produits. A Casablanca, malgré les efforts des deux mêmes peuples, la France avait retenu presque tout le trafic.

En 1887, la France regagna presque complètement le marché, si ce n'est à Saffi, où elle importa pour £ 5,032 de sucre, tandis que l'Allemagne, la Belgique et la Hollande en importaient pour £ 18,500.

Mais à Mazagan, Casablanca (où l'Allemagne importa moins de sucre qu'en 1886) et à Larache, la France augmente ses importations.

Dans ce dernier port, l'Angleterre, l'Allemagne et la Belgique perdent du terrain dans le commerce des sucres.

A ce sujet, le vice-consul espagnol de Larache dit, dans un rapport : « Les sucres dits de Hambourg sont détestables et falsifiés. »

A Tanger, il y eut en 1882 augmentation dans l'importation des sucres en pain sur l'année 1886. La France avait regagné entièrement ce marché en vendant son sucre 19 sh. (23 fr. 75 le quintal anglais à Marseille), ce qui permit aux marchands de Tanger de le revendre environ 24 sh. (30 fr.) tous frais payés. A Rabat, également, il y eut une augmentation dans la vente des sucres de 1,500 qx. anglais, presque uniquement de provenance française, comme en 1886, du reste. A Mogador, par contre, on remarque une notable diminution dans l'importation du sucre en pain, soit liv. 21,934 contre liv. 42,600 en 1886. Sur ce marché, la diminution du sucre français est très remarquable (et remarquée), la France ayant toujours eu le monopole de cet article. L'Allemagne importa pour liv. 5,265 dans le chiffre total de liv. 21,934; la France pour liv. 10,452; l'Angleterre avait importé pour liv. 9,217. L'Angleterre, jusqu'ici, n'a pu lutter en prix avec l'Allemagne et la Belgique.

Sur la côte, le sucre se vend de 25 à 30 fr. les 50 kilog. et plus; depuis le mois d'août 1888, les prix varient entre 30 et 40 francs les 54 kilog.

A Mazagan, le sucre valait, en décembre 1888, 37 à 38 francs les 54 kilog., en janvier 33.75 et en février 31.25. Il était allé jusqu'à 50 francs en fin novembre 1888. A Mogador il reste, depuis quelques mois (mai 1889), dans les prix de 35 francs.

Soieries. — Les soies viennent de France; il en vient d'Italie aussi, notamment à Casablanca en 1887, mais en quantité moindre que de France cependant.

A Mogador, cette même année, la valeur des soieries venues de France était en progression, tandis que la *soie grège* était en diminution. Viennent surtout de Lyon de grands foulards de soie blanche et d'autres de vives couleurs plus spécialement à l'usage des femmes maures.

Il se vend du *satin Chine* à 110, 125, 140, 145 francs les 100 yards.

Tapis. — De petite consommation, en feutre, venant de France et d'Angleterre, se vendant de 15 à 40 fr. chacun.

Thé. — Un article que les Maures achètent facilement, car, lorsqu'ils ont de l'argent, ce qu'ils préfèrent acheter c'est du thé, du sucre et des comestibles. L'Angleterre a le monopole de l'importation de ce produit. Les sortes qui se demandent le plus sont *green hyson* ou *thé vert* et *young hyson;* les qualités se vendant le mieux valent de 7 d. à 1 sh. 3 d. la lb., les qualités plus chères ont disparu du marché. L'importation du thé fait des progrès. En 1887, elle s'est élevée, à Mogador, à 23,632 quintaux, valant liv. 15,755 contre 17,248 quintaux en 1886 et 10,650 en 1885.

Velours. — D'Allemagne et de France; se vend, en pièces de 50 centimètres de large et de 20 à 30 yards de long, de 17 à 20 francs le yard.

Citons encore, comme articles d'importation, les *épices* d'Angleterre, c'est-à-dire le *poivre*, se vendant de 100 à 105 francs les 50 kilog.; les *clous*, à 130 francs; le *gingembre*, à 25 francs, et la *cannelle*, à 50 francs les 50 kilog.; les *soufflets* (d'Angleterre), à 75 centimes pièce; les *cartes* d'Italie, à 50 centimes la douzaine; les *théières* d'Angleterre, à 30 francs la douzaine; les *petits miroirs* d'Allemagne, à 25 centimes; les *cadenas*, les *livres de notes*, les *petits couteaux*, etc. et passons à l'étude des chiffres d'importation et d'exportation pour les années 1886 et 1887.

V. — Chiffres du commerce en 1886 et 1887

TANGER

IMPORTATIONS	1886	1887	EXPORTATIONS	1886	1887
Sacs vides............£	2.669	1.088	Alpiste.............£	2.895	287
Bougies.............	4.561	5.575	Tapis.............	3.855	8.430
Chéchias............	1.125	1.110	Poterie............	590	530
Ciment............	729	1.270	Dattes............	10.611	7.300
Produits chimiques, droguerie............	1.531	1.591	Teintures............	1.011	550
Draps............	35.020	30.200	Œufs............	46.482	57.020
Café............	2.404	2.876	Volailles............	5.389	4.980
Cuivre et bronze............	3.845	7.511	Poils de chèvres............	10.389	8.192
Cotonnades............	189.567	177.612	Peau............	1.125	585
Coton brut............	1.586	1.188	Cuir filali (Tafilet)............	812	476
Sapin............	977	4.636	Viande............	11.615	6.600
Teinture, campêche, cochenille, etc............	1.885	1.326	Bœufs............	97.980	84.172
Farines américaine et française............	1.375	2.326	Babouches............	21.990	1.313
			Effets et curiosités du Maroc.	5.430	4.070
Mobilier............	3.419	1.257	Cire d'abeilles............	951	5.580
Épicerie, conserves............	3.190	3.116	Laines lavées et en suint...	471	388
Gommes............	863	6.684	Étoffes de laine............	8.040	5.580
Quincaillerie, clous, fil de fer.	547	1.691	Divers............	6.189	540
Peaux............	4.032	1.291	£	239.394	202.203
Encens............	4.440	4.356			
Fer, fer ouvré, poutrelles...	5.612	5.387			
Toiles............	11.441	1.400			
Allumettes............	880	2.113	TABLEAU de la valeur totale des articles importés et exportés avec indication des pays de provenance et de destination.		
Huiles, colza, lin, olive.....	536	462			
Pétrole............	1.085	1.075			
Peinture, couleurs............	797	935			
Soie brute............	35.176	48.044		EXPORTATIONS	IMPORTATIONS
Soie manufacturée............	3.290	5.640		1886 · 1887	1886 · 1887
Épices............	3.252	3.789	Angleterre et Gibraltar ..£ 121.956 · 122.818	292.251 · 256.808
Articles de bureau............	1.661	1.492	France et Algérie...... 28.417 · 22.832	119.847 · 167.529
Sucre pilé et cassonnade....	6.085	6.517	Espagne....... 89.821 · 56.863	3.319 · 2.240
Sucre en pains............	27.352	25.987	Allemagne .... » · »	129 · 1.126
Thé............	14.451	15.150	Suède......... » · »	931 · 1.530
Tabac............	3.770	6.064	Belgique..... » · »	330 · 839
Vin, alcool, etc............	8.500	5.779	Autres pays... » · »	935 · 830
Divers............	26.297	29.177	£ 239.394 · 202.203	421.793 · 426.009
Armes, poudre, etc............	100	5.800			
£	421.793	426.009			

TETOUAN

IMPORTATIONS	1886	1887
Bronze et cuivre.........£	1,083	675
Bougies	900	926
Draps....................	6,349	3,739
Café	825	11,255
Cotonnades..............	19,520	17,500
Fil de coton et coton brut...	348	3,075
Poteries et verreries......	1,216	2,068
Drogueries..............	685	1,675
Meubles.................	1,420	934
Quincaillerie..........	1,223	846
Peaux...................	50	1,277
Fer.....................	2,382	944
Allumettes..............	210	685
Huiles, olive, lin, pétrole...	1,299	1,053
Riz.....................	111	311
Salpêtre................	1,235	324
Epices..................	300	492
Sucres..................	3,675	4,620
Acier...................	50	240
Tabac...................	332	0
Thé....................	700	248
Vin, alcools, bière.....	900	555
Divers..................	2,755	2,180
£	47,671	49,315

EXPORTATIONS	1886	1887
Amandes.............£	624	8,200
Paniers vides........	325	105
Pois.................	1,000	2,300
Œufs................	1,032	1,680
Volailles............	120	96
Fruits frais.........	150	300
Poils et peaux de chèvres...	170	888
Graine de lin........	512	525
Maïs.................	624	225
Oignons.............	360	330
Oranges.............	2,200	3,525
Raisins.............	900	240
Babouches...........	840	200
Tabac à priser.......	550	670
Costumes............	168	90
Noisettes...........	55	114
Cire................	135	99
Laines..............	»	421
Divers..............	2,244	557
£	12,189	12,998

TABLEAU de la valeur totale des articles importés et exportés avec indication des pays de provenance et de destination.

	EXPORTATIONS		IMPORTATIONS	
	1886	1887	1886	1887
Grande Bretagne et Gibraltar ....£	6,023	9,319	45,064	46,755
Marseille et Algérie......	1,846	704	1,907	692
Espagne et autres.....	4,220	2,975	700	1,868
£	12,189	12,998	47,671	49,315

LARACHE

IMPORTATIONS	1886	1887
Bougies.........£	3,267	6,580
Cuivre..........	»	1,175
Cotonnades	49,300	31,500
Poterie.........	»	844
Fer en barres...	1,450	1,487
Fer vieux.......	1,050	1,030
Papier..........		844
Soie crue.......	9,476	4,160
Epices..........	3,408	2,686
Sucre en pains..	39,642	31,480
Thé............	19,920	2,587
Pois...........	1,476	1,750
Plats en étain..	1,140	2,587
Draperie.......	45,000	2,410
Autres articles..	10,582	3,761
£	172,231	97,881

EXPORTATIONS	1886	1887
Fèves........£	61,678	32,170
Alpistes.....	10,953	8,411
Pois.........	1,500	1,182
Laines en suint..	18,950	31,231
Laines lavées....	550	900
Divers..........	2,912	2,912
£	96,551	76,832

TABLEAU de la valeur totale des articles importés et exportés avec indication des pays de provenance et de destination.

	EXPORTATIONS		IMPORTATIONS	
	1886	1887	1886	1887
Grande Bretagne........£	11,713	19,538	135,873	55,781
France....	20,360	27,598	29,239	40,890
Portugal......	44,013	17,214	120	210
Espagne......	20,405	12,482	»	»
£	96,551	76,832	172,231	97,881

RABAT

IMPORTATIONS	1886	1887
Cotonnades et fils........£	51.813	65.265
Sucre en pains............	23.028	20.078
Thé......................	1.310	8.570
Draps....................	2.303	3.110
Bougies..................	1.357	2.104
Divers...................	15.083	13.908
£	97.906	113.135

EXPORTATIONS	1886	1887
Laines ....£	15.708	28.301
Lainages.................	7.539	8.730
Fèves et maïs............	1.111	820
Divers...................	4.606	3.688
Peaux de chèvres.........	5.301	7.833
£	34.679	49.275

TABLEAU de la valeur totale des articles importés et exportés avec indication des pays de provenance et de destination.

	EXPORTATIONS		IMPORTATIONS	
	1886	1887	1886	1887
Grande Bretagne.......£	17.052	25.600	68.661	86.896
France	17.254	23.552	28.345	26.204
Autres pays..	373	111	907	45
£	34.679	49.275	97.906	113.135

CASABLANCA

IMPORTATIONS	1886	1887
Bougies...................£	1.963	3.992
Draps....................	1.970	2.550
Cotonnades..............	96.859	93.955
Fer......................	1.770	780
Soieries	1.800	2.625
Sucre raffiné............	38.106	37.818
Thé.....................	8.076	10.852
Espèces métalliques........	29.119	16.770
Autres articles...........	13.431	14.593
Verrerie et porcelaine......	2.130	»
Quincaillerie.............	2.725	»
£	197.951	192.683

EXPORTATIONS	1886	1887
Fèves....................£	19.253	7.882
Cire d'abeilles............	2.239	2.930
Fenu grec...............	4.861	415
Peaux de chèvres.........	11.012	13.932
Lentilles.................	4.926	652
Maïs....................	80.816	71.931
Pois....................	23.231	17.084
Laines en suint..........	»	65.635
Laines lavées............	74.107	5.207
Espèces métalliques......	27.679	28.148
Autres articles...........	6.730	9.070
£	260.784	222.890

TABLEAU de la valeur totale des articles importés et exportés avec indication des pays de provenance et de destination.

	EXPORTATIONS		IMPORTATIONS	
	1886	1887	1886	1887
Angleterre...£	52.337	61.219	123.115	124.207
France........	116.017	92.594	51.668	47.257
Allemagne....	»	4.652	7.012	7.728
Belgique	»	»	»	4.019
Espagne......	43.916	20.257	3.560	2.486
Portugal......	39.695	36.965	8.000	4.100
Italie........	8.819	4.885	} 4.036	2.217
Suède.......	»	»		612
Etats-Unis ...	»	2.721		»
£	260.784	222.896	197.931	192.683

SAFFI

IMPORTATIONS	1886	1887
Draps................£	5,000	2,080
Cotonnades.............	30,000	23,117
Fer....................	2,070	2,300
Sucre en pains.........	20,000	21,000
Thé...................	3,750	3,000
Bougies	1,500	1,017
Divers	2,000	2,070
Café	»	730
Planches..............	»	1,200
Epices................	»	300
£	65,900	57,097

EXPORTATIONS	1886	1887
Huile d'olive......£	10,800	4,420
Amandes..........	1,800	1,080
Laines lavées.....	1,392	12,020
Fèves.............	55,800	25,707
Maïs.............	21,500	27,000
Blé..............	6,400	»
Orge.............	4,500	»
Gomme...........	600	1,520
Peaux de chevres...	9,000	7,000
Poils » ».....	850	950
Cire.............	1,150	385
Pois.............	5,000	6,000
Cumin...........	1,250	501
Divers	»	601
£	125,992	92,616

TABLEAU *de la valeur totale des articles importés et exportés avec indication des pays de provenance et de destination.*

	EXPORTATIONS		IMPORTATIONS	
	1886	1887	1886	1887
Grande Bretagne ......£	104,310	71,521	43,800	33,595
France.....	15,682	13,700	7,100	5,032
Portugal......	7,000	7,425	»	»
Allemagne....	»	»	10,000	4,500
Belgique......	»	»	2,000	11,000
Hollande......	»	»	3,000	1,800
Suède........	»	»	»	1,200
£	126,992	92,646	65,900	57,097

MAZAGAN

IMPORTATIONS	1886	1887
Cotonnades...........£	93,550	69,260
Draperies.............	5,700	5,900
Fer..................	311	247
Feuilles de zinc.........	329	327
Thé.................	2,445	3,940
Bougies..............	701	946
Espèces métalliques......	89,732	66,686
Sucre en pains.........	11,250	16,945
Autres articles..........	18,111	19,153
£	216,106	183,334

EXPORTATIONS	1886	1887
Laines en suint..........£	11,911	3,414
» lavées...........	»	13,558
Amandes	3,055	6,857
Maïs.................	55,989	38,337
Fèves	36,789	10,003
Poix chiches...........	55,095	59,925
Peaux de chevres........	5,376	3,500
Cire.................	2,079	784
Autres articles..........	29,439	25,364
£	202,503	164,212

TABLEAU *de la valeur totale des articles importés et exportés avec indication des pays de provenance et de destination.*

	EXPORTATIONS		IMPORTATIONS	
	1886	1887	1886	1887
Angleterre. .£	59,150	46,555	131,468	92,651
France.......	43,881	40,320	22,079	32,212
Espagne.	81,432	72,671	62,079	56,151
Portugal.....	17,710	4,696	600	2,520
£	202,293	164,212	216,106	183,334

MOGADOR

IMPORTATIONS	1886	1887
Ambre en chapelet........ £	«	1.300
Sacs et toile d'emballage...	165	780
Chapelets de divers........	»	17
Bière....................	380	315
Bougies..................	2.589	1.201
Bronze et cuivre..........	6.580	2.390
Draps...................	4.501	7.000
Cochenille...............	»	711
Café....................	»	725
Confection...............	»	356
Corail	»	1.200
Cotonnades..............	112.221	55.390
» salempores....	»	21.200
Coton brut..............	»	1.112
Sapin (bois de)..........	»	2.728
Teintures...............	681	131
Poterie, faïence..........	1.680	808
Fûts vides...............	2.350	850
Verrerie.................	3.520	1.635
Poudre à fusil...........	»	400
Gommes.................	»	595
Quincaillerie.............	5.250	2.554
Peaux..................	6.785	5.745
Toiles..................	1.050	3.718
Allumettes..............	»	150
Soies...................	12.170	108
Epices..................	1.986	2.965
Alcools.................	»	1.298
Articles de bureau, papier..	»	115
Papier écolier et à lettres..	861	315
Articles généraux.........	»	30
Acier...................	582	700
Sucre...................	42.600	21.933
Divers..................	18.019	15.095
Thé....................	17.211	15.745
Tabac..................	»	500
Lainages................	2.720	920
Espèces métalliques........	10.520	2.383
£	**255.091**	**182.481**

EXPORTATIONS	1886	1887
Amandes.............. £	48.255	35.935
Orge.................	958	993
Fèves................	7.393	3.404
Cire d'abeilles.........	16.168	6.375
Citrons...............	1.000	3.000
Peaux de chèvres	64.808	49.172
Gomme arabique.......	1.239	10.000
» sandaraque....	15.336	15.910
Peaux brutes..........	»	850
Maïs.................	2.559	1.824
Huile d'olive	113.321	27.729
Plumes d'autruches.....	»	1.200
Graines de lin.........	»	776
Laines	»	555
Divers...............	2.825	3.459
Espèces métalliques.....	5.728	18.638
£	**311.493**	**179.731**

TABLEAU *de la valeur totale des articles importés et exportés avec indication des pays de provenance et de destination.*

	EXPORTATIONS		IMPORTATIONS	
	1886	1887	1886	1887
Angleterre et Colonies...£	174.345	99.709	192.739	137.959
Côtes du Maroc (cabotage)..	»	11.556	1.200	»
France......	136.422	64.062	59.769	»
États-Unis....	»	217	»	»
Allemagne....	»	»	1.200	»
Espagne	726	3.297	193	»
Portugal......	»	903	»	»
£	**311.493**	**179.731**	**255.091**	**182.481**

RÉCAPITULATION (1887)

IMPORTATIONS.		EXPORTATIONS.	
Tanger.......... £	426.009	Tanger.......... £	202.265
Tetouan...........	49.315	Tetouan...........	12.998
Larache...........	97.881	Larache...........	76.832
Rabat.............	113.135	Rabat.............	49.275
Casablanca........	192.683	Casablanca........	222.890
Saffi.............	57.097	Saffi.............	92.646
Mazagan..........	183.334	Mazagan..........	164.212
Mogador..........	182.481	Mogador..........	179.731
£	**1.301.935**	**£**	**1.000.847**
En 1886.......... £	1.411.737	En 1886.......... £	1.201.205

Ce qui fait à peu près en francs :

1886. Importations.... fr. 35.293.425	1886. Exportations.... fr. 30.030.125
1887. — ... fr. 32.548.375	1887. — .... fr. 25.021.175

CHIFFRE TOTAL POUR 1887........... fr. **57.569.550**

En résumé, la France tient encore un rang satisfaisant, elle ne s'est pas encore laissé dépasser. Si elle a un peu perdu en 1887 à Mogador, où elle vendit pour £27,405 contre £59,769 en 1886, elle s'est maintenue dans les autres parties de la côte, à Casablanca, par exemple, où elle occupe encore le premier rang. D'une année à l'autre, il peut arriver qu'un marché change, qu'une nation ne vende presque rien d'un certain article dans certain port, pour reprendre le marché l'année suivante. C'est bien là l'effet de la concurrence, et au Maroc comme partout elle se fait sentir.

Les Allemands s'y livrent à une campagne commerciale très sérieuse; ils sont énergiques, ils veulent réussir à tout prix et ne reculent devant aucun sacrifice. Ils vont dans l'intérieur du pays, accordent pour le payement des délais de quatre ou cinq mois, et cela sans exiger d'intérêts. Ils ont pour ainsi dire le monopole des draps, ils commencent à importer de la quincaillerie, des lainages, du sucre, des bougies, de la porcelaine et de la faïence. Au sujet de la concurrence allemande et comme confirmation d'autres assertions avancées par nous, nous citerons l'extrait suivant d'une conférence faite par le docteur Felipe Ovilo y Canales : (1)

« Tant dans le commerce d'importation que d'exportation, l'Angleterre tient le premier rang, la France vient ensuite; il y a quelque dix ans que l'Espagne occupe le troisième rang. La concurrence allemande est ressentie par tous ceux qui négocient sur le marché du Maroc, mais surtout par l'Angleterre qui a reçu de très rudes coups.

---

(1) A l'Athénée de Madrid, 17 avril 1888.

« Tanto en el comercio de importacion como en el de exportacion, Inglaterra es la nacion mas favorecida, la absorvente; siguela Francia y á esta, hace diez años, España porque se notan cambios de alguna consideracion. La competencia comercial de Alemania ha sido funesta para los estrangeros que esplotaban los mercados marroquies, pero sobre todo para Inglaterra, que ha recibido golpes muy rudos; no me he propuesto hacer números, que por otra parte probarían poco, porque muchos artículos que se aduanan en el Mogreb como de la Gran Britaña son géneros alemanos transportados por ingleses. Muchos paños, azucar y otros efectos antes británicos y Franceses han cedido el puesto á los Alemanes, que si no tan buenos como aquellos, son bastante aceptables y mucho mas económicos. »

Je n'ai pas l'intention de citer des chiffres, qui du reste prouveraient peu, car beaucoup de produits, figurant comme venant de la Grande-Bretagne, sont des produits allemands qui prennent la voie anglaise. Beaucoup de draps, sucre et autres objets, qui auparavant étaient anglais ou français, ont cédé la place aux produits allemands, qui s'ils sont moins bons de qualité, sont cependant acceptables et bien meilleur marché. »

La main d'œuvre n'est pas aussi chère en Allemagne qu'en France, la lutte est donc plus facile pour les Allemands; mais n'envisageons pas que le présent et pensons à l'avenir. Ne laissons oublier à aucun pays qu'il y a une France où l'on fait de jolies choses, où règne encore le goût. On ne peut nier ce dernier avantage à la France, on ne peut le lui reprocher non plus, et cependant... pourquoi ne veut-on pas en France faire reproduire les objets grossiers qui se vendent, par exemple, au Maroc, si nous pouvons les fabriquer à meilleur compte que les Marocains eux-mêmes dans leur pays? Les Allemands n'hésitent pas à le faire.

Ils se rendent à Fez en plus grand nombre que les Français. Ils y vendent des draps, des flanelles, des djellabah (1), des articles de Vienne (verrerie) mais ils en rapportent aussi des objets fabriqués dans le pays, ils en connaissent les prix, les envoient en Allemagne et en Autriche, où l'on fait les similaires.

Nous avons vu à Fez un Allemand se disant Suisse et travaillant pour une maison autrichienne, rapporter ainsi des vases très grossièrement faits en terre, mal peints, mais d'un usage très répandu au Maroc.

Pourquoi ne ferions nous pas de même?

Nous n'aurions pas besoin d'ouvriers bien habiles pour imiter, par exemple, des vases ayant toutes sortes de formes, excepté la forme régulière, l'inhabileté de l'ouvrier donnerait au contraire plus de réalité et de nationalité (?) à l'œuvre, qui sentirait plus son origine... marocaine.

Soyons artistes, mais soyons pratiques. Soyons fiers de notre goût, sans fierté mal placée; aux peuples qui ne

(1) Espèce de grandes blouses larges, avec manches et capuchon. C'est le costume national des Marocains.

veulent pas de nos modes, vendons leur ce qui leur plait, il nous sera d'autant plus facile de reproduire leurs œuvres, qu'ils sont plus en arrière dans le progrès, et ne laissons pas d'autres, qui n'ont pas nos facilités de communication, mettre dans leur poche ce qui pourrait nous revenir si facilement. Ce qui a fait la force de la France, c'est l'argent qu'elle a su gagner par son travail, son audace, sa persévérance; espérons qu'elle saura se maintenir à sa hauteur en cherchant à ouvrir de nouveaux débouchés au commerce, par les moyens que nous venons d'indiquer. L'avenir est au plus riche, au plus entreprenant; ne nous laissons pas supplanter par nos voisins.

Au Maroc, le point important pour tout commerçant, c'est de poser des jalons et de se rendre bien compte de ce que sont les objets de première nécessité chez les Marocains, d'étudier leurs goûts, leurs habitudes, et de vendre même à petit bénéfice, quand ce ne serait que pour se conserver le marché (1). Le jour où le Maroc appartiendra à une puissance européenne ou changera de constitution, c'est-à-dire le jour où les Européens pourront s'établir au Maroc, comme on le fait partout ailleurs, en achetant des terrains, (ce qui pour le moment ne peut s'accorder que sur permission du sultan, qui refuse presque toujours); ce jour-là les Européens émigreront au Maroc comme ils ont émigré en Algérie, l'agriculture se développera forcément par suite de l'accroissement de population, le nombre des colons augmentera; les mines s'ouvriront, l'industrie prendra naissance, le commerce deviendra 10, 20 et 30 fois plus important qu'il ne l'est aujourd'hui.

Les Français alors ne devront pas oublier tous les avantages qu'ils peuvent retirer de cet événement peut-être peu éloigné, car par Marseille et l'Algérie, ils seront bien placés pour lutter avantageusement au Maroc sur le terrain commercial contre toutes les autres puissances européennes.

(1) Le journal *Le Réveil du Maroc*, le seul journal français du Maroc, donne des renseignements commerciaux très utiles et très intéressants.

DEUXIÈME PARTIE

I. — Préliminaires

Nous allons donner les chiffres du commerce pour l'année 1890 et parler du grand événement de l'année 1891, c'est-à-dire de l'accord commercial intervenu entre l'Allemagne et le Maroc. Ce traité est d'autant plus important qu'il permet, à titre d'essai, pour une période de trois années, l'exportation du blé et de l'orge. La convention germano-marocaine fixe également les droits de douane à la sortie et à l'entrée. Nous avons donc intérêt à connaître ces droits, puisqu'ils sont applicables aux marchandises françaises, la France ayant avec le Maroc le traitement de la nation la plus favorisée (1).

Si nous avons conservé, dans la première partie de cette étude, les chiffres du commerce relatifs aux années 1887 et 1888, c'est afin de permettre la comparaison avec ceux de 1890. Si nous avons pareillement conservé, dans l'étude des prix des marchandises, les chiffres antérieurs à 1890, c'est que ces chiffres ont peu varié. La plupart sont même restés tels qu'ils étaient. Nous ferons une remarque semblable pour les droits de douane, qui ont plutôt été fixés que changés par le traité allemand.

On ne peut malheureusement pas en dire autant des prix du blé et de l'orge, qui ont considérablement augmenté dans la région du Nord (Tanger, al Kazar, Larache et Rabat), tant par suite de la nouvelle convention que pour les raisons que nous donnerons plus loin au paragraphe consacré au blé et à l'orge.

Nous terminerons cette deuxième partie par l'examen des différents articles qui se vendent au Maroc, non plus en prenant les marchandises par ordre alphabétique,

(1) Cette clause n'est pas réciproque, néanmoins nous appliquons aux produits du Maroc notre tarif minimum (décret du 8 février 1893).

comme nous l'avons fait dans la première partie de ce travail, mais en prenant les ports l'un après l'autre et dans l'ordre dans lequel ils se trouvent sur la côte en allant de l'est à l'ouest, c'est-à-dire en partant de Tétouan, et en continuant par Tanger, Larache, Rabat, etc.

II. — Chiffres du commerce en 1890

PORTS	IMPORTA-TIONS	EXPORTA-TIONS	TOTAUX
Tanger................	£ 556.461	£ 273.171	£ 829.935
Casablanca............	311.170	436.876	777 946
Mogador..............	303.128	324.010	627.138
Mazagan	215.191	278.479	493.673
Larache	118.718	96 734	215.452
Saffi................	68.455	137.875	206.330
Rabat	126.819	69.503	196.322
Tétouan	61.679	12.228	73.907
	£ 1.791.627	£ 1.629.176	£ 3.420.703

Tanger et *Casablanca* se disputent la tête de liste que le premier de ces deux ports avait conquise en 1889. L'importation de Casablanca croît chaque année, et son mouvement commercial dépassera bientôt celui de Tanger. Les exportations amènent les importations, et Casablanca expédie à l'étranger d'immenses quantités de produits dont la valeur ne peut que s'accroître, tandis que le transit d'exportations de Tanger restera toujours assez limité, par suite de l'éloignement des contrées productrices.

Mogador voit chaque année augmenter la concurrence redoutable que lui fait *Mazagan*. Ces quatre villes font les trois quarts du trafic extérieur du Maroc. Les ports qui desservent les parages agricoles et fertiles ont leurs exportations supérieures à leurs importations; ce sont : Casablanca, Mazagan et Saffi. — Mogador est surtout une tête de ligne pour les produits du Sud; gommes, cires, etc., et pour les huiles d'argan et d'olive. Quant à Tanger, c'est uniquement un port de transit pour l'intérieur, comme Larache; d'ailleurs, une grande partie des importations sert à la consommation directe des Européens, dont le nombre augmente, et des indigènes, dont les besoins croissent en même temps que les articles importés d'Europe.

Nous venons de voir qu'en 1890, nous arrivons, pour le total général du commerce (exportations et importations), au chiffre de £ 3.420.703, soit en francs 85.517.575. Ce total n'est pas d'une exactitude rigoureuse, à cause de la difficulté de vérifier en douane les entrées et sorties; disons 82.000.000 de francs en chiffres ronds, et nous avons ainsi une idée du commerce qui se fait par mer.

III. — COMMERCE PAR LA FRONTIÈRE DE TERRE, C'EST-A-DIRE PAR LA FRONTIÈRE ALGÉRIENNE

Le trafic qui se fait par terre est très difficile à apprécier. Il faut connaître à fond le Maroc pour s'en rendre compte. M. de Kerdec, qui habite depuis longtemps Tanger, a bien voulu nous donner les renseignements suivants. Le mouvement commercial entre l'empire marocain et l'Algérie s'opère de deux façons : d'une part, des caravanes partent de la frontière algérienne pour Fez, pour le Tafilet, et reviennent avec des produits indigènes, ou *vice versa;* de l'autre, les négociants des territoires qui longent l'Algérie vont s'approvisionner de marchandises à Nemours, Lalla-Marnia, Debdou, Tlemcen, ou bien les Marocains qui envoient à ces marchés algériens des laines, des bestiaux, des poils et des peaux, s'y approvisionnent des articles dont ils ont besoin. Des caravanes vont et viennent, chaque année, une ou deux fois entre Tlemcen et le Tafilet, Figuig et le Sud-ouest ou l'Ouest, vers les territoires berbères.

Ce mouvement est relativement considérable et s'étend à une zone qui n'est pas moindre de la tierce partie du Maroc, puisqu'il se prolonge jusqu'à Fez, jusqu'à la haute Moulouya et jusqu'au Tafilet. On peut compter que tous les territoires situés à l'est d'une ligne imaginaire, tirée du N. au S., à une journée de marche de Fez, vers Taza, ont un trafic plus actif avec l'Algérie qu'avec l'est du Maroc, et qu'en s'approchant du méridien de Debdou, toutes les populations échappent entièrement à l'influence du trafic maritime.

On se fera une idée de l'importance de ces relations, qui

chaque année vont grandissantes, quand on saura que les seuls marchés de Lalla-Marnia et de Debdou vendent annuellement pour dix millions de francs environ de moutons, de laines, de poils et de peaux provenant des tribus marocaines voisines. D'autre part, on peut estimer à cinq ou six millions la valeur des articles européens fournis par les négociants de Nemours, Lalla-Marnia, Debdou et Tlemcen. Voilà donc, au bas mot, un mouvement de 15.000.000 de francs qu'il faut ajouter au chiffre du commerce franco-marocain.

Dans ce chiffre de 15.000.000 ne sont pas compris les babouches, les cuirs, le tacahout de Tafilet, les étriers, les mors, les sulhams et autres articles de Fez.

Ajoutons encore la somme de 1.500 000 francs, chiffre d'affaires que peuvent faire avec le Maroc les *presidios espagnols*, et nous arrivons en 1890 à un chiffre qui atteint presque 100.000.000 de francs, soit 98.500.000 francs, ainsi répartis :

Total auquel nous étions arrivés.	82.000.000
Algérie-Maroc	15.000.000
Presidios-Maroc	1.500.000
	98.500.000

En 1887, nous n'avions qu'un chiffre rond de 60.000.000, auquel nous aurions dû ajouter, pour être plus exacts (c'est-à-dire en tenant compte du trafic par terre), une somme de 15.000.000 et de 1.500.000.

Soit 60.000.000 + 15.000.000 + 1.500.000 = 76.500.000 fr.

Le commerce a donc progressé beaucoup de 1887 à 1890.

La participation des puissances étrangères dans ce mouvement d'affaires est la suivante :

Angleterre et Gibraltar	40 0/0
France et Algérie	40
Espagne	10.3
Allemagne	3.87
Portugal	2.6
Belgique	1.4
Italie	0.85
Hollande	0.33
Suède	0.29
États-Unis	0.085
La Plata	0.01
Russie	0.002
Divers	0.082
Total	99.899 0/0

Les chiffres parlent assez par eux-mêmes pour que nous puissions nous dispenser de tout commentaire.

IV. — CONVENTIONS COMMERCIALES

Traités avec la France. — Traités de commerce les plus importants.
— Traité germano-marocain 1891 (Exportation du blé et de l'orge).
— Concessions faites à la France en 1893.

Traités avec la France. — Un des premiers traités conclus entre la France et le Maroc fut celui du 28 *mai* 1767, alors que Louis XV était *empereur* (1) en France et Mouley Mouhamed au Maroc. Ce traité est plutôt un traité de paix et d'amitié entre les deux pays qu'un arrangement commercial. Relativement au commerce, il dit simplement à l'article 2: « Les sujets respectifs des deux empires pour-« ront voyager, trafiquer et naviguer en toute assurance et « partout où bon leur semblera, par terre et par mer, dans « la domination des deux empires, sans craindre d'être « molestés ni empêchés, sous quelque prétexte que ce « soit. »

Les autres articles ont le même objet que tous les traités conclus dans le passé par tous les États qui traitaient avec les puissances musulmanes, c'est-à-dire le libre passage du détroit de Gibraltar et la protection des navires contre les attaques des corsaires.

Ce traité de 1767 fut renouvelé et confirmé par ceux du 17 *mai* 1824, sous Louis XVIII, et du 28 *septembre* 1825, sous Charles X. Ce dernier contient, à la suite de l'unique article qui le compose, la clause très importante de la situation « de la nation la plus favorisée » faite à la France.

Les autres conventions sont les suivantes :

Convention du 10 septembre 1844, pour régler les différents survenus sur la frontière algérienne.

L'article 7 renouvelle la clause du traitement de la nation la plus favorisée;

Traité du 18 Mars 1845 relatif à la délimitation de la frontière algérienne;

(1) Dans les traités avec les souverains des régences d'Afrique, les rois de France ont toujours pris le titre d'*empereur*.

Règlement du 19 *avril* 1863, concerne le droit de protection au Maroc;

Convention du 31 *mai* 1865, pour l'administration et l'entretien du phare du cap Spartel ;

Convention du 3 *juillet* 1880, réglemente de nouveau l'exercice du droit de protection au Maroc.

Nous n'insistons pas sur ces conventions qui n'ont pas le caractère commercial.

Traité anglais de 1856. Nous trouvons, pour la première fois ce caractère bien défini dans la convention signée en 1856 entre le sultan et Sir John Hay Drummond, ambassadeur anglais. Sir John Hay Drummond obtint la fixation des droits de sortie, qui jusque là étaient restés livrés à l'arbitraire du sultan. Celui-ci les changeait à sa guise sans même en prévenir les intéressés. Sir John Drummond obtint aussi l'exportation de presque tous les produits du sol, tels que le maïs, les fèves, etc., à l'exception toutefois du blé et de l'orge (1).

Traité espagnol de 1860. Cette exportation ne fut pas davantage obtenue en 1860 par le traité hispano-marocain, qui reproduit presque fidèlement les clauses de l'accord anglais.

Traité germano-marocain de 1891. Il faut arriver à l'année 1891 pour trouver la levée de cette interdiction. Le comte de Tattenbach, ambassadeur allemand, obtint enfin cette exportation tant désirée, c'est-à-dire une concession qu'aucun ministre européen n'avait obtenue avant lui ; c'est ce traité germano-marocain que nous allons étudier un peu en détail, car il intéresse les négociants français puisqu'il fixe les droits de douane, à l'entrée et à la sortie des marchandises. Cette convention a encore un avantage sur celles de 1856 et 1860, celui d'assurer la stabilité des échanges, car elle dit formellement dans la clause 6 : « Ce traité sera appliqué et restera en vigueur jusqu'au jour d'une revision ou de la conclusion d'un nouveau traité ». Les conventions anglaises et espagnoles laissaient à l'empereur du Maroc,

---

(1) Sir John Hay Drummond avait, en 1856, fait tous ses efforts pour obtenir la libre exportation du blé et de l'orge, les *Eulémas* (conclave de prêtres mahométans) déclarèrent qu'on ne pouvait accorder l'exportation du blé et de l'orge, nourriture des « guerriers » de leur foi et de leurs chevaux. « Plutôt laisser le grain se pourrir, disaient-il, qu'en nourrir les chrétiens ! »

la faculté de prohiber la sortie des marchandises tarifées, quand bon lui semblait.

Nous citons du traité allemand les articles importants :

« Art. 2. L'Allemagne a le droit d'importer au Maroc
« toutes marchandises et denrées quelle que soit la nationa-
« lité des navires qui les apportent, exception est faite pour
« le tabac et les autres plantes qui se fument, telles que
« l'opium et les produits analogues. Ces produits, de même
« que les autres objets prohibés, comme la poudre, le sal-
« pêtre, le soufre, le plomb, tous les instruments de guerre
« et armes de n'importe quelle espèce, restent frappés d'in-
« terdiction. S. M. l'Empereur du Maroc accepte par ce
« traité que les droits perçus sur les marchandises et pro-
« duits *importés* par des sujets allemands, dans les ports
« de son empire, *ne dépassent pas 10 0/0 de leur valeur.*
« L'estimation de cette valeur sera faite, *en numéraire et*
« *au comptant,* d'après le cours du jour de la vente en gros
« dans le port de débarquement. »

L'art. 3 fixe les droits de sortie.

TABLEAU

Tarif des droits de sortie.

ARTICLES	QUANTITÉS	DROITS	ARTICLES	QUANTITÉS	DROITS
		(2)			
Alpistes	kantar (1)	5 réaux	Lapins...........	la pièce	1 réal
Anis............	—	10 —	Maïs et doura.....	fan. rase	10 réaux
Amandes........	—	15 —	Millet	—	10 —
Balais de palmier nain...	—	1 1/2	Nielle.........	kantar	8 —
			Nattes.........	ad valorem	8 0/0
Boyaux.........	—	10 —	Noix	—	8 réaux
Carvi..	—	10 —	Œufs	le mille	25 —
Ceintures en laine	le cent	50 —	Origan	kantar	4 —
Chiffons........	kantar	5 —	Oranges, limons...	le mille	4 —
Chaussettes de laine........	ad valorem	8 0/0	Orseille	kantar	10 —
			Œufs d'autruche..	la pièce	1/2 réal
Cire purifiée.....	kantar	70 1/3 R	Pois chiches (gros et petits........	fanègue	10 réaux
Cire vierge.....	—	50 —			
Chanvre et lin ..	—	20 —	Peaux.........	kantar	18 —
Cochenille (Kermès)	—	10 —	Peaux tannées....	—	50 —
			Pantoufles........	ad valorem	5 0/0
Cordes en poil de chèvre	le cent	10 —	Piquants de porcepic........	le mille	2 réaux
Cornes	le mille	11 3/4	Plumes d'autruche	le réal	18 —
Couvertures de laine.........	ad valorem	5 0/0	Paniers	le cent	10 —
			Poules.........	la douz.	10 —
Coussins brodés.	—		Peignes en bois...	le cent	2 —
Cresson.........	kantar	10 réaux	Poil et crin......	kantar	15 —
Cumin	—	8 —	Palmier nain.....	100 bottes	8 —
Dattes.........	—	20 —	Perdrix.........	la pièce	1 réal
Djellabahs.......	ad valorem	5 0/0	Poires.........	kantar	10 réaux
Etriers en fer....	—	8 —	Plateaux de cuivre.	ad valorem	8 0/0
Fèves	fanègue (3)	10 réaux	Poisson salé.....	kantar	20 réaux
Fromage........	kantar	20 —	Raisin sec	—	10 —
Fenugrec (holba).	—	5 —	Riz...........	—	9 3/3
Fasoukh (parfum)	—	10 —	Roses (feuilles de).	—	10 réaux
Fibre de palmier nain..........	—	2 1/2	Rognures de peaux..........	—	4 —
Fil de coton.....	ad valorem	8 0/0	Suif............	—	25 —
Gommes........	kantar	8 réaux	Sacoches en cuir..	ad valorem	5 0/0
Graine de lin....	—	5 —	Sésame...........	kantar	10 réaux
Koh't..........	—	5 —	Sporte.........	—	2 —
Huile..........	—	25 —	Sarghrina	—	5 —
Henné.........	—	6 —	Tacaout.........	—	10 —
Haïks..........	le cent	5 0/0	Tapis.........	ad valorem	5 0/0
Lentilles........	fanègue	10 réaux	Tamis.........	—	
Laine lavée......	kantar	40 —	Tentes	kantar	20 réaux
Lièvres..........	la pièce	1 réal	Tortues...........	50 kilos	2 1/2

(1) Kantar = quintal, 50 kilos ou 120 £ anglaises.
(2) Réal = 25 centimes.
(3) Fanègue = 50 k°°,700. | Fanègue rase = 45 à 47 kilos.

Blé et Orge.

Les blés marocains pourront être exportés librement pendant une période de trois ans (sauf le cas de disette) en payant un droit de 15 réaux (3 fr. 75) par fanègue rase

(il faut à peu près deux fanègues 1/2 pour faire 100 kilog. de blé.)

Les orges auront à acquitter un droit de 6 réaux (1 fr. 50) pour une quantité qui peut être évaluée en poids approximativement à 45 ou 47 kilog.

L'effet de cette convention a été d'augmenter le prix du blé. Les districts du Nord, Tanger et Tétouan, produisent assez peu de céréales pour que les prix en soient constamment plus élevés que dans ceux du Khrlout, du Gharb, des Doucala et des Abda. La nature argileuse ou forte des terres des environs de Tanger leur fait retenir l'humidité, les pluies continuelles ont ainsi pour résultat fréquent de causer la pourriture des semences du sol. Dans les provinces de la côte ouest au contraire la pluie filtre rapidement à travers un sol léger et sablonneux ; on y craint plutôt le manque que l'excès de pluie .

La permission de l'exportation peut donc profiter surtout à Casablanca, Mazagan et Saffi où les prix sont bien moins élevés qu'à Tanger, comme on peut le voir par le tableau ci-joint.

Prix du blé et de l'orge pendant les années 1888 à 1891,
(Valeur en francs.)

DÉSIGNATION		1888	1889	1890	1891	QUANTITÉS
Casablanca.	Blé...	»	»	7 »	»	le moudd (120 kᵒˢ)
	Orge..	»	»	3 50	»	—
Mazagan...	Blé...	7 50	8	8 50	»	le moudd (120 kᵒˢ)
	Orge..	4 50	5	4 50	»	—
Mogador...	Blé...	7 » à 7 50	7 50 à 8	9 à 15	»	les 100 kilos
	Orge..	2 50 à 3 »	3 50 à 4	»	»	—
Rabat......	Blé...	7 50	10 »	10	»	les 100 kilos
	Orge..	2 50	8 50	9	»	—
Tanger	Blé...	»	»	12 à 15	17 à 25	les 100 kilos
	Orge..	»	»	9 à 10	14 à 24	—

Quantités exportées de janvier 1891 à mai 1891

		Orge.		Blé.
Pour la France......	K⁰⁰	700.000	K⁰⁰	60.000
— l'Angleterre....		1.950.000		100.000
— l'Espagne		630.824		9.350
— le Portugal		249.600		168.913
— l'Allemagne....		200.000		5.000
Total...	K⁰⁰	3.729.424	K⁰⁰	343.293

A Casablanca le moud de 120 kilogrammes, valait 7 francs en 1891 (à Tanger il valait à la même époque de 28 à 30 francs !) De Casablanca le blé était exportable en France, en effet si 120 kilogrammes valent 7 francs, 100 kilogrammes valent...... .... 5 fr. 83

À ajouter : 1° droits de sortie (sur 2 fanègues 1/2) 9 37

2° Débarquement et embarquement......... 50

3° Fret de Casablanca à Marseille. 2

Prix des 100 kilogrammmes. Total......... 17 fr. 70

A ce prix, le blé est vendable à Marseille.

Tanger est sacrifié, puisque le libre cabotage, rapporté par le traité du comte de Tattembach, est grevé des mêmes droits que l'exportation. Pour comble de malheur, ces années dernières, les céréales ont été en partie détruites par les sauterelles. Elles avaient déjà très peu donné à cause du manque de pluie, de sorte que tout a contribué à l'augmentation du prix du blé. La libre exportation égalisera les prix de cette céréale quand on la cultivera beaucoup plus et quand il y aura de nouvelles voies de communications ; mais demander ces changements, c'est demander la transformation de l'état actuel du Maroc. Souhaitons seulement que cette augmentation, fortuite d'une part, puisqu'elle est due à la sécheresse, naturelle de l'autre, puisque la marchandise étant plus demandée renchérit, ne force pas le sultan à revenir sur la concession qu'il a faite en permettant l'exportation du blé et de l'orge.

Concessions faites à la France en 1893

Nous avons loué avec impartialité les avantages commerciaux obtenus par les ministres anglais et allemands, aussi sommes-nous très heureux de pouvoir parler des concessions nouvelles que vient d'obtenir M. le comte d'Aubigny, notre ministre à Tanger. Non seulement le comte d'Aubigny a obtenu la diminution de certains droits à l'entrée et à la sortie des marchandises, mais la protection de la marque de fabrique française au Maroc et l'exportation de produits qui jusque-là ne pouvaient sortir du pays.

A notre avis, ces avantages, quoique moins retentissants que ceux obtenus par le comte de Tattembach, n'en sont pas moins réels ; ils seront probablement plus efficaces et porteront sans doute d'autant plus de fruits qu'ils sont moins remarqués.

Voici en effet ce qu'a obtenu notre ministre au Maroc en échange de l'application du tarif minimum français aux produit marocains, à leur entrée en France (loi du 8 février 1893).

1° *Produits dont les droits de sortie sont réduits :*

			Prix antérieurs.	
Cumin.......	le quintal (50 K⁰).	6 réaux.	8 réaux	
Cornes.......	le mille..........	8 —	11 3/4	
Suif.........	le quintal........	23 —	25 —	Voir
Carvi.......	—	8 —	10 —	le traité germano-
Chanvre et lin	—	16 —	20 —	marocain.
Cire blanche.	—	60 —	70 1/8	

2° *Produits dont l'exportation interdite jusqu'à présent vient d'être autorisée avec les droits de sortie ci-dessous :*

			Réaux.
1° Écorces d'arbres	le quintal......		6
2° Liège.....................	—	....	6
3° Minerais de cuivre	—	....	5
4° Minerai de fer.............	—	....	2
5° Autres minerais (sauf le plomb).	—	....	5
6° Osier	—	....	2
7° et 8° Bois d'arar et de cèdre	la 1/2 charge de chameau		6
— — —	de mule....		5

A la condition que les cinq premiers de ces produits ne seront achetés que pour *l'exportation* à des négociants *indigènes* et seulement dans les 8 *ports ouverts* au commerce.

3° *Produits qui à l'exportation de France au Maroc paieront dorénavant* 5 0/0 « *ad valorem* » (*au lieu de* 10 0/0).

Tissus de soie pure et mélangée.

Bijoux d'or et d'argent.

Pierres précieuses et fausses.

Rubis.

Galons d'or.

Vins et liqueurs (toutes espèces).

Pâtes alimentaires.

4° *Les marques de fabrique* placées par les négociants français sur leurs marchandises seront respectées « en ce « sens que si un négociant marocain contrefait les marques « d'un négociant français ou provoque leur contrefaçon, « les marchandises fabriquées au Maroc ou à l'étranger « dans l'intention d'être vendues, grâce à cette fausse « marque, comme provenant de la fabrication de ce négo- « ciant français, seront confisquées au profit du gouver- « nement marocain, et l'auteur de la contrefaçon recevra « une punition exemplaire. »

(Extrait de la lettre de Sidi Mohammed El Mouffadal ben Mohammed Gharrit, ministre des affaires étrangères du Maroc. 1er Rebi II 1310 (23 oct. 1892).

On ne peut que féliciter vivement M. le comte d'Aubigny, non seulement d'avoir obtenu de nouvelles réductions sur les droits d'entrée ou de sortie, mais aussi la protection de nos marques de fabrique, protection que sauront apprécier tous les négociants français. Quant à l'obtention de faire sortir du pays de nouveaux produits, c'est une véritable victoire, surtout quand ces produits sont des minerais, dont l'exportation ne peut qu'ouvrir de plus en plus le Maroc à notre commerce. On voit là en effet un premier pas dans l'exploitation des mines et des carrières, c'est-à-dire dans le développement de l'industrie.

Nous pouvons être assurés que M. le comte d'Aubigny, qui connaît si bien le monde musulman, continuera, après un succès d'une évidence aussi grande et d'une portée aussi considérable à procurer à notre commerce des avantages de plus en plus nombreux.

V. — LES PORTS DU MAROC

Tétouan. Tanger. Larache. Rabat. Casablanca. Mazagan. Saffi.
Mogador.

TÉTOUAN

(En arabe تطوان , *tetouane*, le mot viendrait de

افتح ثيطاون , *eftâh thitaouane*, ouvre les yeux?) 6 à

8,000 habitants. Distance de Tétouan à Tanger : 50 kilomètres. Tétouan est situé sur l'extrême pente méridionale
du Djebel Darsa, qui termine vers le Riff la chaîne des
collines d'Andjera s'étendant par la région de Ceuta jusqu'à Tanger. L'Oued Martil coule non loin de là. Tétouan
qui est à 4 kilomètres de la côte à peu près, a pour port le
fort Martil, bombardé en 1859 par les Espagnols. L'aspect
de Tétouan est foncièrement marocain. Il n'y a guère que
Tanger qui, au Maroc, présente quelques maisons ayant la
prétention d'avoir un extérieur européen.

Principaux articles d'exportation. — Amandes, cires,
graine de lin, huile d'olive, oranges.

Principaux articles d'importation. — Coton manufacturé,
coton brut, draperie, fez, quincaillerie, sucre.

TANGER

(En arabe طنجه , *tandjah* (1) ; *Tingis* des Ro-

(1) D'après la légende, l'origine du nom de Tanger serait la suivante. Des corsaires perdus après une tempête s'écrièrent en apercevant la côte marocaine: طيين جاء (tyne djah) « la terre arrive. »

A notre avis le nom viendrait plutôt de تنجر (tandjer) ou
تنجره (tandjirah), en français, chaudron. Nous basons notre
croyance sur l'origine des noms de Fez et de Mequinez. Fez
فاس (fâss) veut dire « pioche » et Mequinez مكناس
(mekniss) signifie « balai. »

mains), 20 à 25,000 habitants. Très pittoresquement située sur le flanc d'un coteau. Vue de la mer, la ville offre un coup d'œil splendide, de loin elle paraît aussi blanche qu'elle est sale de près. Néanmoins le climat est excellent, à cause de la position même de Tanger. Les rues sont mal pavées, ou pas du tout. Il ne faudrait pas juger le Maroc d'après Tanger, comme dit excellemment M. de Kerdec, « c'est une ville bâtarde et neutre qui n'est plus « entièrement marocaine et pas encore européenne ». On y voit des gens de toutes les couleurs, de toutes les religions, on y parle cinq ou six langues, on y échange quatre monnaies différentes. Tanger est pour l'artiste une ville intéressante dans ses plus petits détails. Cette ville fut bombardée en 1791 par la flotte espagnole et en 1844 par l'escadre du prince de Joinville. On ne compte plus les menaces de bombardement, elles reviennent périodiquement.

Ne quittons pas Tanger sans rappeler que dans la baie se trouve à demeure la flotte de guerre marocaine. Elle se compose d'un navire, le *Hassani*, vieux bâtiment vendu au sultan par l'Angleterre ou l'Espagne. En mars 1889, lorsque nous vîmes venir l'escadre anglaise chargée de bombarder Tanger, si satisfaction n'était pas donnée pour l'assassinat d'un Anglais au cap Juby, le *Hassani* était justement en réparation à Cadix, où il va de temps en temps se débarrasser des algues et coquillages qui se déposent sur sa coque.

Principaux articles d'exportation. — Bœufs (pour Gibraltar), babouches, œufs, peaux de chèvres, dattes, cire d'abeille, volailles, alpiste.

Principaux articles d'importation. — Cotonnade, soie grège, draps, épicerie, thé, pains de sucre, quincaillerie, bougies.

Les bougies viennent surtout de l'Angleterre. L'Allemagne fait à cette dernière une concurrence sérieuse pour cet article. Les draps sont allemands. La France a toujours le monopole du sucre et des soieries.

LARACHE

(En arabe العرايش , el araïche). 9,000 habitants.

Ville pittoresque située sur la rive gauche de l'Oued Kous. La barre formée par le fleuve à sa sortie est des plus dangereuses et nuit au commerce de ce port. La place du marché (ou le *Sok*) de Larache est une des plus belles du Maroc.

Principaux articles d'exportation. — Fèves, laines en suint, pois chiches, alpiste, oranges.

Principaux articles d'importation. — Sucre, armes, coton manufacturé, bougies, fer, thé.

Larache livre à elle seule les 75 0/0 de l'exportation totale de l'alpiste. Cette graine n'est jamais semée isolément. On la sème avec le blé. Les femmes la trient au moyen de tamis, lorsque le battage a été fait. Les Maures croient que le blé se convertit en partie en alpiste lorsque la saison est très humide. Ils ne peuvent se décider à semer l'alpiste séparément, s'ils le faisaient les récoltes seraient plus abondantes et de meilleure qualité.

Il est curieux de constater qu'en 1890, ce port exporta pour £ 1.636 (40.000 fr.) d'oranges, à destination de Séville. Ces oranges valaient cependant 5 francs de plus par mille que dans cette dernière ville. Il est vrai qu'elles ne le cèdent en rien à celles d'Espagne pour la saveur.

RABAT

(En arabe رباطالفتح , rabâthe el fathh), 30,000 habitants, sur la rive gauche de l'Oued Bou Regrag, en face de Salé, où l'Européen est encore accueilli à coups de pierre. Rabat est plus propre que les autres villes du littoral, c'est peut-être parce qu'elle est de construction plus récente. Malheureusement une barre rend difficile l'entrée de son port et les vapeurs, pour la franchir, doivent avoir un tirant très faible. C'est à Rabat que se trouve la fameuse tour *Hassan*, construite sur le modèle de la *Giralda* de Séville. Environs très jolis. Climat excellent.

Principaux articles d'exportation. — Laine, peaux de chèvre, graines, oranges.

Principaux articles d'importation. — Cotonnades, sucre, thé, bougies, draps.

Les peaux vont surtout en France.

Les oranges sont à bon marché, 70 centimes à 1 fr. 25 le cent. Fait nouveau, en 1890, l'Allemagne et les États-Unis importèrent à Rabat 150 machines à coudre. C'étaient des machines à main.

CASABLANCA

(En arabe البيضا دار , *dar el baïda*, maison blanche),

se trouve sur la côte à moitié chemin entre Tanger et Mogador. Casablanca fait partie de la province de Doukala. C'est une région fertile. Le commerce de cette ville augmente tous les ans. Casablanca deviendra probablement le premier port du Maroc.

Principaux articles d'exportation. — Pois chiches, fèves, laines en suint, maïs, peaux de chèvres, coriandre, fenugrec.

Principaux articles d'importation. — Coton manufacturé, sucre, thé, épices, bougies, quincaillerie.

C'est la France qui, pour l'exportation, fait le plus de trafic avec Casablanca, soit pour £ 223,740 en 1890, tandis que l'Angleterre ne faisait que pour £ 104,859. L'Angleterre importe surtout ses tissus de coton et le thé ; la France, le sucre. Beaucoup de graines partent pour l'Espagne et le Portugal ; le maïs et les fèves vont en Allemagne.

MAZAGAN

(En arabe مازيغن , *masakhan*)(1). Au sud du cap Azimour, origine portugaise. Cette ville est célèbre par le

(1) Prononcer ce *kh* comme la *jota* (*j*) espagnole.

siège de 1769, époque à laquelle les Portugais perdirent Mazagan. Le climat ne passe pas pour être des meilleurs. La ville est sale.

Principaux articles d'exportation. — Pois chiches, fèves, amandes, laines.

Principaux articles d'importation. — Épices, coton manufacturé, sucres, draps en laine.

En 1890, on exporta de grandes quantités d'œufs au prix de 1 fr. 75 le cent. Un bateau en emporta 100,000 en une semaine. Le droit de sortie est de 6 fr. 25 par mille.

SAFFI

(En arabe اسفي, *asfi*). 9,000 habitants. C'est la ville la plus sale de toute la côte. Elle renferme des ruines portugaises très curieuses. Climat sain en hiver, fiévreux en été.

Principaux articles d'exportation. — Fèves, huile d'olive, pois chiches, laine, maïs.

Principaux articles d'importation. — Coton manufacturé, sucre, thé, draps.

Les fèves vont surtout en Angleterre, (en 1889, 84,821 *quarters* de 480 lbs contre 27,370 en 1888), les pois chiches aux îles Canaries.

MOGADOR

Mogador ou Soueïra (20,000 habitants). C'est le dernier port que l'on rencontre sur la côte marocaine. La ville, de fondation récente, est la mieux construite du Maroc. Elle fut fondée en 1760 par le sultan Mohammed, d'après les plans fournis par l'ingénieur français, Cornut.

Principaux articles d'exportation. — Huile d'olive, poils de chèvre, cire, gommes, fèves, etc.

Principaux articles d'importation. — Coton manufacturé, sucre, thé, tonneaux vides, bougies, fer, draps.

Les pêcheries de Mogador sont importantes. Nous l'avons vu, nous n'y reviendrons donc pas.

Mogador vient immédiatement après Tanger, pour l'importance du commerce. Les amandes sont le principal article d'exportation, en 1889 il en fut exporté pour £ 104,975 contre £ 42,558 en 1888.

A l'importation, c'est la France qui vient en première ligne pour le sucre, les allumettes et la soie. L'Angleterre fournit le thé, surtout le thé vert, qui se vend le mieux. Nous avons déjà dit que c'était la boisson nationale des Marocains.

A Mogador nous trouvons en 1889 et 1890, comme article nouveau à l'importation, des seaux en zinc. Ils se vendent rapidement. On pourrait s'étonner de voir figurer à l'importation des *cauris*. Ces coquillages sont probablement destinés aux échanges qui se font au sud du Maroc.

Notons encore à l'exportation : le vin, que fabriquent les Juifs, puisque l'usage en est interdit aux Mahométans, et dont 960 *gallons* (1) furent exportés pour la côte en 1890 ; les plumes d'autruche, meilleures que celles du Cap et enfin le sésame.

Avant de terminer ce chapitre il sera peut-être bon de faire remarquer à certains négociants, que loin de favoriser la vente, les noms tels que Mohammed, Hassan, Ali, etc., mis sur les étoffes et autres articles d'importation, en entravent plutôt le débit, les Marocains n'admettant pas qu'on prostitue ainsi des noms qui sont sacrés pour eux !

VI. — Renseignements commerciaux

Pour que notre étude soit aussi complète que possible nous donnerons quelques renseignements relatifs au prix de chargement et de déchargement dans les ports, à la monnaie, aux postes et télégraphes, aux sièges des consulats français, aux lignes de paquebots.

Les quais et les moles sont choses inconnues au Maroc. Les marchandises doivent donc être transbordées à terre dans des chaloupes.

(1) Le gallon = 4 litres 1/2.

Débarquement et embarquement

DÉSIGNATION	MONNAIE française	MONNAIE espagnole	MONNAIE anglaise	
Tarif de débarquement au bord à terre.............	4 francs	15 réaux	3 sh. 2 d. 1,2	la tonne (a ton).
Du rivage au magasin.............	25 centimes	3/4 réal	2 d. 1,5	quintal (50 Kos)
Magasinage.............	0.05 service	0.35 réal	»	a kun hudweight par caisse
—	25 centimes	2 cuaux	5 d.	par balle cerclée
—	5 —	1 réal	2 d. 1,2	par balle non cerclée
Embarquement.....	3 fr. 25	15 réaux	2 sh. 7 d. 1,2	par tonne

Rappelons que les marchandises paient à l'entrée un droit de douane de 10 0/0 *ad valorem*, si le prix exigé par la douane semble trop élevé, on a le droit de s'acquitter en donnant le dixième de la marchandise. Les prix donnés ci-dessus sont à peu près les mêmes dans tous les ports du Maroc.

Monnaies.

L'or et l'argent français, anglais et espagnol ont cours dans les ports, concurremment avec la monnaie marocaine. L'or et l'argent français et anglais font prime sur la monnaie espagnole. Les billets anglais et français font également prime.

La monnaie marocaine d'argent a été frappée à Paris pour le compte du sultan. Il y a des pièces de 1 réal (25 cent.), 2, 5 et 10 réaux.

Postes et télégraphes.

L'Empire marocain n'a ni poste ni télégraphe. Ce sont les nations européennes qui s'occupent de ces services. A Tanger, sur la même place du *Soko chico* (petit marché) se trouvent les trois bureaux de la poste française, anglaise et espagnole. On s'adresse indifféremment à l'une ou l'autre de ces trois administrations. Des courriers partent de temps en temps pour Fez et quelques villes de l'intérieur.

De Tanger, on peut faire partir des lettres pour les villes

du littoral et réciproquement. — *Télégraphe :* Un câble relie depuis quelques années Tanger à l'Europe, par Gibraltar.

Consulats français.

Tanger : Légation de France, un ministre, des secrétaires, un chancelier, un drogman, des attachés. — *Mogador :* Un consul et un vice-consul. — *Larache, Casablanca :* Un vice-consul dans chacune des ces villes. — *Tétouan, Rabat, Mazagan, Saffi :* Un agent consulaire dans chacun de ces ports.

Il y a également un agent consulaire à Fez et un autre à Al-Kazar. Ce sont des Marocains. — La France est chargé au Maroc des intérêts de la Suisse et de la Grèce.

Lignes de paquebots.

PAQUEBOTS FRANÇAIS. — 1º *Compagnie de Navigation Marocaine, N. Paquet et Cⁱᵉ.*

Service bi-mensuel : Départ de Marseille le 7 de chaque mois, touchant à Gibraltar, Tanger, Rabat, Casablanca, Mazagan, Saffi, Mogador et les îles Canaries.

Départ de Marseille le 22 de chaque mois, touchant à Gibraltar, Ceuta, Tanger, Larache, Rabat, Casablanca, Mazagan, Mogador et les îles Canaries.

2º Toutes les semaines le mardi et le mercredi, un paquebot de la *Compagnie Transatlantique,* venant de Marseille, par Oran, Malaga, Gibraltar, touche à Tanger.

ANGLETERRE. — 1º *La Mersey Steamship Cⁱᵉ :* Londres, Gibraltar, Tanger, les ports du Maroc, Iles Canaries, Madère.

2º Service quotidien entre Gibraltar et Tanger, fait par les steamers *Gibel-Tarik* et *Hercules.*

ESPAGNE. — 1º *Compagnie Transatlantique espagnole :* Service mensuel entre Marseille et Mogador, touchant les villes du littoral.

2º Service postal entre Cadix et Tanger; départ de Cadix les lundi, mercredi et vendredi; de Tanger, les autres jours.

3º Service mensuel, entre les ports du Maroc et Fernando Po.

ALLEMAGNE. — 1° Service de Hambourg, Lisbonne, Maroc.

2° Service de Hambourg, Anvers, Lisbonne, Maroc, Sénégal et Guinée.

Maison de Banque.

Banque Transatlantique. — Agence de Tanger. — Siège social à Paris, 6, rue Auber.

Hôtels. Journaux.

On trouve des hôtels dans tous les ports de la côte. A Tanger, hôtels français (villa de France et hôtel Trigo), anglais et espagnols. — Prix moyen : 6 francs par jour.

Un journal français " *Le Réveil du Maroc* ", politique, commercial, hebdomadaire, que nous recommandons à l'attention des commerçants et industriels, donne des renseignements très précieux pour le commerce, et son directeur, M. de Kerdec-Chény se met gracieusement à la disposition de tous ceux qui voudraient des renseignements plus détaillés. (Joindre, en cas de correspondance, une enveloppe affranchie, avec l'adresse.)

Conclusion.

Le lecteur peut s'étonner d'apprendre qu'un pays d'une fertilité aussi extraordinaire, ne fasse qu'un chiffre d'affaires de 100,000,000 de francs par an, à peu près. Le Maroc est, il est vrai, plus grand que la France ; il est aux portes de l'Europe, 30 milles à peine le séparent de Gibraltar et les côtes d'Espagne sont visibles de Tanger, mais aucun peuple aussi voisin de l'Europe n'est plus éloigné de la civilisation européenne que le peuple Marocain ! Si, au premier abord, ce chiffre de 100,000,000 de francs paraît dérisoire, il s'explique quand on songe à l'état actuel du pays, et nous ne saurions trop insister sur ce que nous disions au commencement de cette étude, au sujet de l'administration et du fanatisme, puisque ce sont les causes de tout ce retard dans la voie du progrès.

Arriver au milieu des Marocains, c'est reculer jusqu'à

l'époque de l'Ancien Testament. Rien n'a changé : coutumes, usages, pensées, costumes, tout, absolument tout est resté dans l'état où se trouvaient les choses il y a plus de vingt siècles. L'esclavage existe encore, la polygamie est toujours florissante, les Juifs, traités comme des renégats vivent dans leur quartier (mellah) (1), que l'on ferme tous les soirs, et la paix n'y est pas assurée comme dans nos pays d'Europe, où nous sommes presque certains de nous réveiller tous les matins, sans nous voir menacés de l'envahissement d'une tribu voisine. Au Maroc, lorsque le soleil se couche, les portes des villes se ferment. Si vous vous êtes attardés dans la campagne, tant pis pour vous, vous avez l'avantage de coucher à la belle étoile. Cela ne serait pas trop désagréable, car les nuits sont la plupart du temps délicieuses, si l'on n'était obligé de se tenir en garde contre les rôdeurs.

Le voyageur doit avoir sa tente, ses provisions, ses bêtes et vivre comme un nomade. Cette existence est certainement très pittoresque, peu commune, pleine de poésie, de charme, de surprises, nous en savons heureusement quelque chose; mais quand on voyage pour faire du commerce, c'est peut-être moins intéressant.

Tous ces détails, rapidement exposés, font comprendre pourquoi l'on ne doit pas comparer un tel pays à ce qui nous entoure, et nous prouvent une fois de plus que nous avons bien souvent tort de tout rapporter à nous, et de ne juger que d'après ce que nous avons vu ou d'après ce que nous voyons continuellement.

Il est très naturel, comme nous l'avons déjà dit, que le paysan n'ait aucun intérêt à s'enrichir, dans une contrée où le vol est passé à l'état d'institution, où les hommes forment une sorte de communauté dans laquelle les plus gros mangent les plus petits, où enfin, lorsque les vizirs et les hauts employés de la Cour ont pressuré les bachas, qui ont pressuré les cheiks, et ainsi de suite jusqu'au geôlier qui pressure le prisonnier, la Cour du Sultan fait dégorger toutes les richesses mal acquises !

L'agriculture se ressent forcément de cet état de choses, car l'on n'est heureux dans ce pays que lorsqu'on est pauvre.

(1) A Tanger le *mellah* a été supprimé depuis 1878.

Il est donc pénible pour les Européens, en général, de constater que le Maroc est un pays dont les ressources nombreuses sont laissées à l'abandon, mais pour nous autres Français, cela est d'autant plus sensible que cette région pourrait rapporter beaucoup plus que l'Algérie.

L'Algérie manque de cours d'eau, le Maroc en a de nombreux. Cela se comprend à la simple inspection d'une carte de l'Afrique. Dans l'Algérie, les chaînes de l'Atlas longent pour ainsi dire la côte, l'intérieur n'a plus de montagnes, pour recevoir les eaux du ciel et engendrer des rivières. Au Maroc, au contraire, les montagnes s'étendent en éventail jusqu'au sud du pays et versent de nombreux cours d'eau dans l'océan Atlantique.

Nous ne parlons que du nord du Maroc, c'est-à-dire de la partie comprise entre Tanger au N., Fez au S., Tetouan à l'E. et l'océan Atlantique à l'O. C'est la région que nous connaissons le mieux. A une journée à l'E. de Tetouan, du côté de Chechaouan, l'Européen n'est déjà plus en sûreté ; seul M. de Foucault, officier français, pénétra dans cette ville et put en sortir (1). La région qui nous occupe est surtout montagneuse au N. au bord de la mer, dans le triangle formé par Tanger, Ceuta et Tetouan.

Cette partie du Maroc ressemble à l'Andalousie, ce sont les mêmes montagnes nues, les mêmes petits cours d'eau encombrés de lauriers en fleur.

C'est bien la continuation du sud de l'Espagne, mais une continuation moins belle, ce qui n'empêche que c'est une partie très pittoresque du Maroc. Plus au sud, entre Tanger et Fez, ce ne sont que montagnes, collines, petites plaines, vallées, fleuves ou rivières jusqu'à El Habassi. A partir de cet endroit, qui se trouve à quatre journées de Tanger et à deux de Fez, ce sont des plaines immenses. Les montagnes font leur réapparition un peu avant Fez.

Au Maroc, le chemin c'est où l'on passe, surtout lorsqu'on se rend dans des endroits peu fréquentés. Entre Fez et Tanger, cependant, il y a presque une véritable route, formée de nombreux sentiers, se longeant, se coupant, s'entrecroisant, quelquefois sur une largeur de 10 mètres

(1) En 1889, M. Harris, sujet anglais, nous affirma être entré dans Chechaouan et une fois découvert, s'en être enfui, habillé en femme! Son histoire nous a paru très fantaisiste.

et plus, de sorte qu'il serait très facile de faire une route comme il y en a en France, et même en suivant les détours des chemins, on pourrait établir une voie ferrée entre Fez et Tanger. Il n'y aurait pour ainsi dire qu'à poser les rails... mais, par contre, il faudrait construire des ponts.

De Tanger à Fez, en effet, il y a plus de vingt cours d'eau, dont trois très larges, l'oued Kous, l'oued Raà, l'oued Sebou. Aucune de ces rivières ou fleuves n'a de pont. On les passe à gué au printemps, quand il y a peu d'eau, à la nage en hiver,... quand le courant n'est pas trop fort. Dans ce dernier cas, on attend pour passer qu'il y ait moins d'eau dans la rivière.

Ces cours d'eau sont et surtout seront les grands fertilisateurs du pays. Nous disons « seront les grands fertilisateurs »; car actuellement, avec le système de déboisement des montagnes, les rivières roulent en hiver d'énormes quantités d'eau, et en été elles sont presque à sec. C'est vraiment triste de voir un pays qui pourrait être si fertile, rester entre les mains de gens qui, il est vrai, par la force des choses négligent l'agriculture. Les arbres sont très rares, les forêts n'existent pas, il les ont détruites. Le voyageur peut s'estimer heureux quand, dans la journée, vers dix ou onze heures du matin, il rencontre un ou deux figuiers qui lui prêtent leur ombre pour s'abriter contre les ardeurs du soleil.

Cependant ce ne sont pas des déserts de sable que l'on traverse, il y a entre Tanger et Fez des plaines immenses. La terre en est fertile, mais négligée. Il n'y pousse que des plantes sauvages, des ombellifères gigantesques étendant à l'infini leur blanc tapis de fleurs.

D'autre part, combien de richesses minérales doivent renfermer toutes ces montagnes que l'on aperçoit sur la droite et sur la gauche de la route! Leurs couleurs multiples et variées attestent qu'elles renferment dans leurs flancs des minerais de toutes sortes. Que de terrains perdus pour le moment! que de richesses qui dorment! et cela si près de l'Europe, d'où partent chaque année des milliers d'hommes qui vont chercher fortune bien loin.

Le Maroc peut nourrir 5 à 6 fois plus d'habitants qu'il n'en possède et son importance n'a échappé à aucun gouvernement des nations européennes.

Il serait téméraire de prévoir la fin de cet état de choses et de prédire de quelle manière se produira le relèvement de cet Empire. Passera-t-il sous la domination d'un autre État ou simplement sous un protectorat quelconque? Verra-t-il sa neutralité assurée par les puissances européennes? nous l'ignorons, mais, pour le moment, ce que nous savons c'est que notre gouvernement veille sur les intérêts de la France, et ce dont nous sommes convaincus, c'est que si nos commerçants luttaient avec plus d'énergie encore, notre chiffre d'affaires avec le Maroc s'accroîtrait sensiblement, augmenterait par conséquent la puissance de notre influence. C'est dans cet esprit que nous avons fait cette étude et nous ne désirons qu'une chose, c'est qu'elle puisse être utile à notre patrie!

GUSTAVE WOLFROM.

Paris. — Imp. PAUL DUPONT (Cl.) 361.5.93.

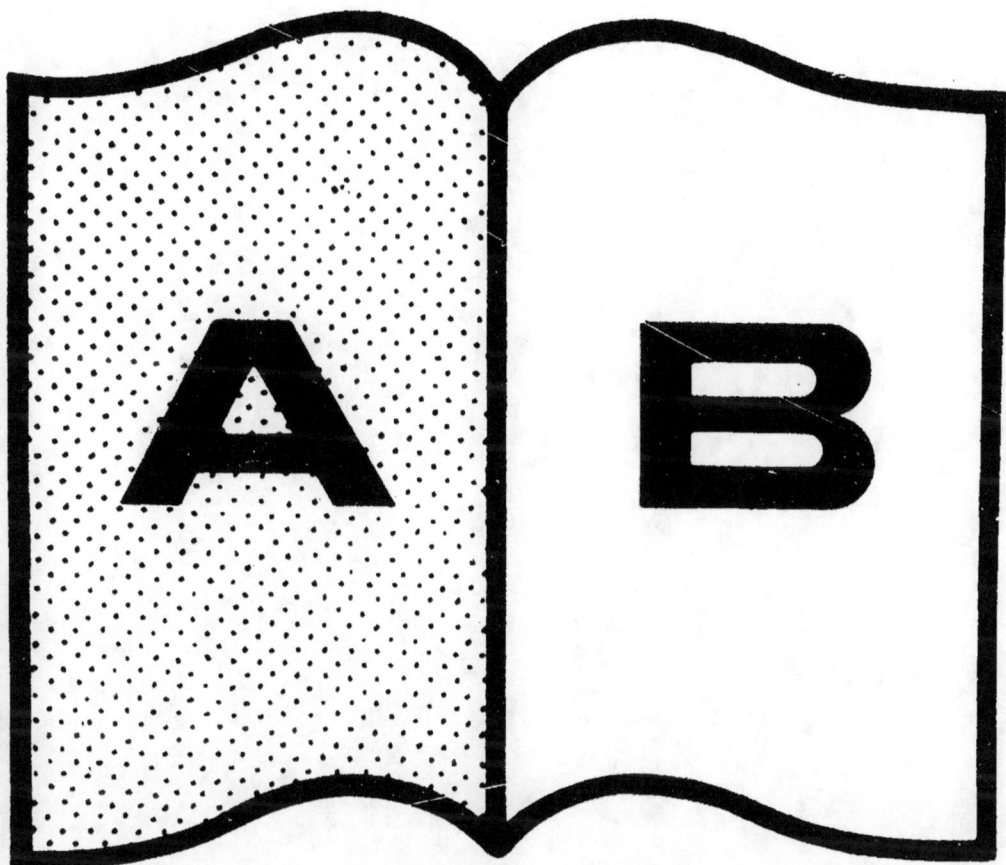

Contraste insuffisant

NF Z 43-120-14